MARCO POLO

MALAYSIA

Reisen mit Insider Tipps

> Ich genieße das Leben in einem tropischen Land, die kulturelle Vielfalt, die sich nicht zuletzt im kulinarischen Angebot widerspiegelt, und die Freundlichkeit der Menschen.
> *MARCO POLO Korrespondent*
> *Alois Leinweber*
> (siehe S. 127)

Spezielle News, Lesermeinungen und Angebote zu Malaysia:
www.marcopolo.de/malaysia

MALAYSIA

> SYMBOLE

MARCO POLO INSIDER-TIPPS
Von unserem Autor für Sie entdeckt

MARCO POLO HIGHLIGHTS
Alles, was Sie in Malaysia kennen sollten

 **SCHÖNE AUSSICHT**

🔊 **WLAN-HOTSPOT**

▶▶ **HIER TRIFFT SICH DIE SZENE**

> PREISKATEGORIEN

HOTELS
€€€ über 50 Euro
€€ 25–50 Euro
€ unter 25 Euro
Preise für zwei Personen im Doppelzimmer ohne Frühstück.

RESTAURANTS
€€€ über 12 Euro
€€ 6–12 Euro
€ unter 6 Euro
Preise für eine Mahlzeit mit Vor-, Haupt- und Nachspeise in westlichen Restaurants oder für zwei bis drei Gerichte in einheimischen Lokalen

> KARTEN

[116 A1] Seitenzahlen und Koordinaten für den Reiseatlas Malaysia
[U A1] Koordinaten für die Karte Kuala Lumpur im hinteren Umschlag
[0] außerhalb des Kartenausschnitts

Zu Ihrer Orientierung sind auch die Orte mit Koordinaten versehen, die nicht im Reiseatlas eingetragen sind

---

■ **DIE BESTEN MARCO POLO INSIDER-TIPPS** .... **UMSCHLAG**
■ **DIE BESTEN MARCO POLO HIGHLIGHTS** **4**
■ **AUFTAKT** **6**
■ **SZENE** **12**
■ **STICHWORTE** **16**
■ **EVENTS, FESTE & MEHR** **22**
■ **ESSEN & TRINKEN** **24**
■ **EINKAUFEN** **28**
■ **WESTEN DER HALBINSEL** **30**
■ **OSTEN DER HALBINSEL** **54**
■ **SARAWAK** **68**
■ **SABAH** **82**

INHALT

> SZENE
S. 12–15: Trends, Entdeckungen, Hotspots! Was wann wo in Malaysia los ist, verrät der MARCO POLO Szeneautor vor Ort

> 24 STUNDEN
S. 96/97: Action pur und einmalige Erlebnisse in 24 Stunden! MARCO POLO hat für Sie einen außergewöhnlichen Tag rund um Kuala Lumpur zusammengestellt

> LOW BUDGET
Viel erleben für wenig Geld! Wo Sie zu kleinen Preisen etwas Besonderes genießen und tolle Schnäppchen machen können:

Weltklasse-Klassik fast zum Nulltarif S. 34 | Besuch beim liegenden Riesen-Buddha S. 65 | Affenbillig: Orang-Utans beobachten zum Spartarif S. 72 | Schön und günstig: die D'villa Rina Ria Lodge am Mount Kinabalu S. 90

> GUT ZU WISSEN
Was war wann? S. 10 | Spezialitäten S. 26 | Blogs & Podcasts S. 36 | Hillstations S. 44 | Bücher & Filme S. 62 | Wohngemeinschaften S. 75 | Waisenkinder S. 78

AUF DEM TITEL
Im Dschungelzug von Tumpat nach Kuala Lumpur S. 94 Wracktauchen vor Labuan S. 101

- **AUSFLÜGE & TOUREN** **92**
- **24 STUNDEN RUND UM KUALA LUMPUR** **96**
- **SPORT & AKTIVITÄTEN** **98**
- **MIT KINDERN REISEN** **102**

- **PRAKTISCHE HINWEISE** **104**
- **SPRACHFÜHRER** **110**

- **REISEATLAS MALAYSIA** **114**
- **KARTENLEGENDE REISEATLAS** **122**

- **REGISTER** **124**
- **IMPRESSUM** **125**
- **UNSER INSIDER** **127**

- **BLOSS NICHT!** **128**

2 | 3

ENTDECKEN SIE MALAYSIA!

Unsere Top 15 führen Sie an die traumhaftesten Orte und zu den spannendsten Sehenswürdigkeiten

Die Highlights sind in der Karte auf dem hinteren Umschlag eingetragen

★ Gaway Dayak
Die Dayak feiern ihr Erntedankfest bunt-exotisch im Umfeld ihrer Langhäuser (Seite 23)

★ Georgetown
In der vielleicht „chinesischsten" Stadt Malaysias gibt es viel zu unternehmen: essen, einkaufen, ausgehen und die Atmosphäre verinnerlichen (Seite 31)

★ Islamic Arts Museum
Genießen Sie die Ruhe und die interessanten Beispiele islamischer Kultur im Museum in Kuala Lumpur (Seite 39)

★ Petronas Twin Towers
Wer die Aussichtsbrücke des höchsten Gebäudes Malaysias nicht besucht hat, war nicht in Kuala Lumpur (Seite 40)

★ Cameron Highlands
Den Briten gefiel die kühle Luft und die üppige Natur der Hillstation (Seite 44)

★ Kuala Gandah Elephant Orphanage Sanctuary
Erleben Sie die Dickhäuter hautnah, baden Sie die Elefantenbabys und helfen Sie bei der Fütterung (Seite 45)

★ Islamic Heritage Park
21 Mini-Monumente und eine gläserne Moschee machen den Themenpark zum reizvollen Ziel in Terengganu (Seite 59)

★ Pulau Tioman
Glasklares Meer mit Korallenriffen, blendend weiße Strände: Das Paradies liegt quasi vor der Haustür (Seite 66)

> DIE BESTEN MARCO POLO HIGHLIGHTS

 Taman Negara National Park
Von allem ein wenig und doch so viel: tropische Flora und Fauna, kristallklare Wasserfälle und Flüsse in einem der ältesten Waldgebiete der Erde (Seite 66)

 Cultural Village
In wenigen Stunden können Sie die verschiedenen ethnischen Kulturen Sarawaks erkunden (Seite 75)

 Longhouse River Safari
Großes Flussabenteuer: eine Bootsfahrt zu den traditionellen Langhäusern der Iban im Herzen Sarawaks (Seite 76)

 Gunung Mulu National Park
Eines der unberührtesten Naturgebiete der Welt lädt nicht nur zum Staunen ein (Seite 79)

 Gipfelbesteigung
Was für Afrika der Kilimandscharo, ist für Südostasien der Mount Kinabalu: ein absolutes Muss – die anstrengende, zweitägige Gipfelbesteigung inklusive (Seite 88)

 Sepilok Orang Utan Sanctuary
Die vom Aussterben bedrohten Waldmenschen sind uns in vielen Verhaltensweisen erstaunlich ähnlich. In dieser Station werden die Affenwaisen auf ein Leben in der Wildnis vorbereitet (Seite 91)

 Turtle Islands
Ein Naturschauspiel erster Güte: Hunderte winzige Meeresschildkröten hasten nach dem Schlüpfen in Richtung rettendes Wasser (Seite 91)

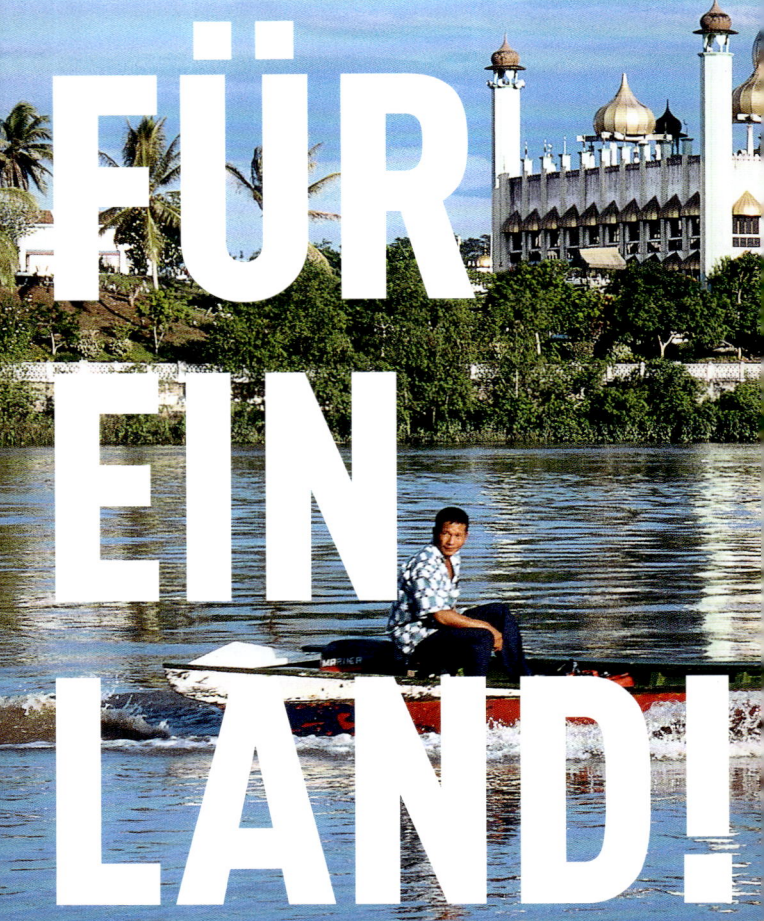

WAS FÜR EIN LAND!

Staatsmoschee in Kuching

AUFTAKT

> Auch wenn Malaysia für viele noch immer ein Land „irgendwo in Asien" ist, für dessen Lokalisierung erst einmal der Atlas zur Hand genommen werden muss, erfreut es sich doch wachsenden Interesses. Nicht nur sein typisch asiatischer Charme, die Freundlichkeit und Offenheit der Menschen laden zur Entdeckungsreise ein. Die endlosen Strände vor allem an der Ostküste der Halbinsel bieten Ruhe, garantieren Sonne und faszinierende Schnorchel- und Taucherlebnisse. Der tropische Regenwald verzaubert, und das mulitkulturelle Malaysia hat mit vielfältigen kulinarischen Genüssen auch Feinschmeckern Beachtliches zu bieten.

> Sanft schwebt das Flugzeug über tiefblaues bis smaragdgrünes Meer, dann über traumhafte, sattgrüne Palmenplantagen und kleine Dörfer – um auf dem hypermodernen Airport von Kuala Lumpur aufzusetzen, der Frankfurts Rhein-Main-Flughafen fast beschämend in den Schatten stellt. „Sind wir wirklich in einem Schwellenland?", fragen sich viele Touristen ungläubig.

Auf dem Weg in die Hauptstadt, entweder mit der superschnellen S-Bahn (KLIA Ekspres) oder einem komfortablen Taxi, fährt man durch den *Multimedia Super Corridor*, Malaysias größtes Entwicklungsprojekt, das sich bis ins Zentrum Kuala Lumpurs zieht. Auf 50 km Länge und 15 km Breite entstehen hier mehrere Trabantenstädte und Industriezentren. Malaysia soll nach den Plänen der Regierung im Jahr 2020 eine entwickelte Industrienation sein. Etwa eine halbe Stunde Autofahrt südlich von Kuala Lumpur wurde die neue Verwaltungshauptstadt Putrajaya aus dem Boden gestampft, voller Paradebeispiele moderner malaiisch-islamischer Archtiktur, ausgedehnter Grünflächen und künstlich angelegter Seen, über die sich imposante Brücken spannen. Malaysia ist eine Föderation aus 13 Bundesstaaten und drei Bundesterritorien: Kuala Lumpur, Putrajaya und die vor der Küste Borneos gelegene Insel Labuan, ein Offshore-Finanzzentrum. Das Staats-

> **Traumhaft schönes Land voller Gegensätze**

oberhaupt, ein konstitutioneller Monarch, wird alle fünf Jahre aus der Mitte von neun Sultanen gewählt; das weltweit einzige System dieser Art. Die Geschicke des Landes und seiner 27 Mio. Bewohner wurden aber seit 1981 von Premierminister Mahathir Mohamed bestimmt, der

Am Merdeka Square wurde 1957 die Unabhängigkeit Malaysias ausgerufen

AUFTAKT

systematische Modernisierungen einleitete. Kritiker monieren, dass einige Großprojekte und Prestigebauten enorme Summen verschlungen haben und dass vor allem in ländlichen Gebieten Investitionen etwa im Bildungsbereich zu kurz kamen. Während Mahathirs Regierungszeit wurden die Rechte der Sultane und des Königs drastisch eingeschränkt.

2004 übergab Mahathir sein Amt an Abdullah Ahmad Badawi, der das Land seitdem weitgehend im Sinne seines Vorgängers regiert. Diesem war es zumindest gelungen, die vormals sporadisch aufflammenden Rassenunruhen im Vielvölkerstaat Malaysia einzudämmen. Das immer wieder präsentierte Bild vom harmonischen Zusammenleben der verschiedenen ethnischen Gruppen zeigt aber besonders in jüngster Zeit deutliche Risse. Spannungen sind unübersehbar. 60 Prozent der Bevölkerung sind Malaien, 30 Prozent chinesischer und rund 8 Prozent indischer Abstammung. Dazu kommen kleinere Gruppen, etwa die Kadazan und Penan auf Borneo. Sie alle leben verstreut in zwei grundverschiedenen Landesteilen: Westmalaysia liegt auf einer 750 km langen Halbinsel dicht am Äquator und beherbergt elf der 13 Bundesstaaten. Sarawak und Sabah sind die beiden Bundesstaaten auf Borneo, durch das Chinesische Meer und rund 650 km von Westmalaysia getrennt. Sie machen 60 Prozent der Landfläche Malaysias aus.

> **Weiße Strände und kleine Fischerdörfer**

Kuala Lumpur bietet eine unglaubliche Mischung aus Altem und Neuem. Fantastische Wolkenkratzer stehen neben historischen Gebäuden. Bei einem Spaziergang durch die kleinen Seitengassen oder über einen der zahlreichen Märkte erleben Sie den Zauber des Orients. In Chinatown dringt der Duft von Räucherstäbchen aus den Tempeln, während Straßenverkäufer nebenan lautstark ihre Waren anpreisen. In stilvollen Hotels trifft man sich zum Fünf-Uhr-Tee (einem Relikt der britischen Kolonialzeit), oder man ersteht im klimatisierten Kaufhaus die neueste Digitalkamera – Gegensätze, die Ihnen auf Schritt und Tritt begegnen. Neben Kuala Lumpur sind auch die meisten anderen Städte des Landes einen Besuch wert, oftmals haben sie eine lange Geschichte, was sich an einer Vielzahl von historischen Bauten zeigt. Lebendig werden die Städte je-

WAS WAR WANN?
Geschichtstabelle

35 000 v. Chr. Ein 1958 in den Niah-Höhlen entdeckter Schädel beweist: In der Altsteinzeit lebten Menschen auf Borneo

Ab ca. 200 v. Chr. Indische Händler führen die Sprache Sanskrit und die buddhistisch-hinduistische Kultur ein

1414 Melakas Herrscher Parameshwara übernimmt den Islam

1641 Holland erobert Melaka und Westmalaysia

1824 Im Londoner Vertrag überlässt Holland Großbritannien die malaiische Halbinsel

1896–1914 Auf der Halbinsel entsteht eine erste Föderation malaiischer Staaten

1941/42 Japan erobert British Malaya. Viele Malaysier werden zur Zwangsarbeit gepresst

1948–1960 Kolonialkrieg gegen die zurückkehrenden Briten, der offiziell erst 1989 mit einem Friedensvertrag zwischen Malaysia, Thailand und der Guerillaführung beendet wird

1957 Der erste Premierminister Tunku Abdul Rahman ruft die Unabhängigkeit Malayas aus. 1963 treten Singapur, Sarawak und Sabah der malaiischen Föderation bei, die seitdem Malaysia heißt. Singapur tritt zwei Jahre später aus

1969 Unruhen zwischen Malaien, Chinesen und Indern

2003 Nach 22 Jahren im Amt übergibt Premierminister Mahathir Mohamad sein Amt an Abdullah Ahmad Badawi

2008 Bei den Wahlen verliert die regierende „Barisan Nasional" die Zweidrittelmehrheit und fünf Bundesstaaten an die vereinigte Opposition „Pakatan Rakyat"

doch durch Malaysias reizende Menschen, höflich, zuvorkommend und Fremden gegenüber aufgeschlossen. Man sagt, Malaysier verfügten über 200 verschiedene Arten des Lächelns. Zumindest werden Sie davon einige Dutzend kennen lernen, und das umso schneller, wenn Sie in der Lage sind, wenigstens ein paar Begrüßungsformeln in der Landessprache *Bahasa Malayu* zu formulieren. Malaysier sind noch immer überrascht, wenn tatsächlich *Orang Puteh*, die Weißen, ein paar Worte malaiisch sprechen. Ein weiterer Punkt auf der Haben-Seite ist das Essen, in seiner großen Vielfalt kaum zu überbieten: So gibt es indische, chinesische, malaiische, europäische Küche, samt unendlich vieler Kombinationen.

Wenn Sie die Städte verlassen, werden Sie ein weiteres großes Wunder des Landes entdecken: die tropische Natur. Zwar ist Westmalaysia der am dichtesten besiedelte und am meisten entwickelte Landesteil, doch der Umkreis des Zentralgebirges, das die Halbinsel praktisch der Länge nach halbiert, beherbergt einige der schönsten Nationalparks – mit kristallklaren Flüssen und nahezu unberührten Regenwäldern. Blendend weiße Strände und kleine Fischerdörfer *(kampungs)* mit bunt bemalten Holzhäuschen finden sich an der Ostküste und auf den vielen vorgelagerten Inseln, deren Korallenbänke zum Tauchen einladen. Auch die Westküste hat mit den Inseln Penang und Langkawi Entsprechendes zu bieten.

Das Naturgebiet schlechthin sind jedoch die Staaten Sarawak und Sabah,

AUFTAKT

die beide verhältnismäßig wenig entwickelt sind. Hier befinden sich die

> **Traumland am anderen Ende der Welt**

weitläufigsten Regenwälder des Landes, die allerdings Jahrzehnte lang und in einem der traditionellen Langhäuser übernachten. Eine riesige Anzahl von kleinen und kleinsten Inseln mit den schönsten Korallenriffen des Landes ist Borneo vorgelagert. Ein Erlebnis ist auch das Besteigen von Sabahs Mount Kinabalu, Südostasiens höchstem Berg, mit seinen vielen einzigartigen Pflanzen. Und

Bedrohte Spezies: Orang-Utan-Mutter mit Kind auf Borneo

unter legaler und vor allem unter illegaler Abholzung gelitten haben. Der Lebensraum der Menschen wurde zunehmend eingeschränkt. Immer wieder liest man in der Zeitung von Blockaden auf den Straßen im Dschungel, die von aufgebrachten Dorfbewohnern errichtet wurden, um die Holzfirmen und ihre Transporter zu stoppen. Sie können die Dörfer im Rahmen geführter Touren besuchen Sie können einen Abstecher in das winzige Sultanat Brunei machen, einem zwischen Sarawak und Sabah eingekeilten souveränen Staat.

Malaysia: Traumland am anderen Ende der Welt – ein Ort, an dem man eigentlich bleiben möchte. Aber: Es gibt Hoffnung, denn wer Malaysia den Rücken kehrt, sagen die Malaysier, wird wiederkommen.

▶▶ TREND GUIDE MALAYSIA

Die heißesten Entdeckungen und Hotspots! Unser Szene-Scout zeigt Ihnen, was angesagt ist

Eda Struck

Ein „Stipendium zur Förderung der Asien-Pazifik-Erfahrung für deutsche Nachwuchsführungskräfte" hat die Kulturwirtin nach Kuala Lumpur gebracht. Dort hat sie nicht nur Land und Leute kennen und lieben gelernt, sondern wurde auch von der lebendigen Mode- und Musikszene überrascht. Das Motto unseres Szene-Scouts: offen und up-to-date zu sein.

▶▶ SÜSSE VERFÜHRUNG

Cupcakes kommen

Kleine Törtchen erobern das Land – in allen möglichen Variationen, Farben und Formen. Die Bäckerei *Cupcake Chic* begeistert mit ausgefallenen Geschmacksrichtungen wie 24 Karat (Karotten-Walnuss-Kuchen mit Limonen-Käse-Zuckerguss), Forget me not (Lavendel-Kuchen mit Baileys-Zuckerguss) oder Envy (Grüner-Tee-Kuchen mit Grüner-Tee-Käse-Zuckerguss) *(Cupcake Chic @ The Curve, Lot GZF-4, Ground Floor, No. 6 Jalan PJU 7/3 Mutiara Damansara, Petaling Jaya, www.cupcakechic.com.my, Foto)*. Das beliebteste Törtchen der Bäckerei *Cuppacakes* ist der klassische Royal Vanilla – die Konditoren kreieren aber auch Kuchen mit Wunschflavor und -design für besondere Anlässe *(cuppacakes by + wondermilk Shop & Cafe, 41 Jalan SS 21/1A, Damansara Utama, Petaling Jaya, www.ilovecuppacakes.com)*. Wer seine Lieblingstörtchen lieber im Netz bestellt, ist bei *Cupcakes4you* aus Penang richtig. Sie verzieren die kleinen Kuchen mit essbaren Autos, niedlichen Zeichentrickfiguren oder sogar Dessous *(www.cupcakes4you.blogspot.com)*.

SZENE

▶▶ DATING-FIEBER

Die besondere Party

Das malaysische Partyvolk datet und feiert – Single-Partys und Speed Dating sind in! Einmal im Monat findet die Single-Party des *Consequential Lovers Club* statt. Nur wer auf der Gästeliste steht, kommt rein. Infos zu den wechselnden Locations gibt es unter *www.consequentiallovers.com*. Bei *Meet, Mingle & Match* greift ein Moderator ins erste Date ein. Mit verschiedenen Spielen wird das Kennenlernen vereinfacht. Spezielle Themenabende wie z.B. Entertainment, Kultur oder Reise erleichtern zusätzlich den anfänglichen Small Talk. Die Treffen finden zum Beispiel im *The Attic* statt *(61-2, Jalan Bangkung, Bukit Bandaraya, Bangsar, Kuala Lumpur, www.attickl.com)*. Wer mehr wissen oder sich einen Platz auf der Dating-Gästeliste sichern will, besucht die Website *http://letsspeeddate.blogspot.com*.

▶▶ MODE EXTREM

Eleganz trifft Raffinesse

Die junge Modeszene lebt und ist weit entfernt vom Alltagsgrau. Seide, Taft und raffinierte Details gehören bei den Kreativen zum Programm. Die junge Designerin Melinda Looi verwirklicht Fashion-Träume: von Haute Couture bis Brautmode, mit Korsagen und verrückten Accessoires, von abgefahren bis einzigartig *(z.B. im Isetan im Kuala Lumpur City Center – KLCC)*. Die Entwürfe von Khoon Hooi kaufen Modefans in der *Starhill Gallery (Unit F19B, Explore Floor, 181 Jalan Bukit Bintang, Kuala Lumpur, www.khoonhooi.com, Foto)*. Alltagstauglicher präsentieren sich die Outfits von Villiam Ooi: Der Designer integriert Lagenlook, starke Farben und Details wie meterlange Strickschals oder riesige Blumen in seine lässig-trendigen Kollektionen *(Lot F082-F088-F, First Floor, Sungai Wang Plaza, Kuala Lumpur, www.villiamooi.com.my/main.html)*.

▶▶ LET'S ROCK

Die neuen Chartbreaker

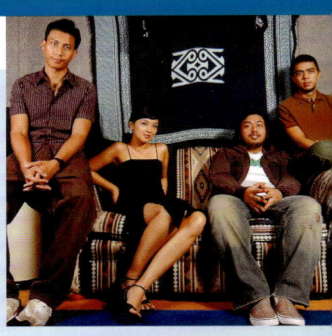

Rock- und Indiebands sind auf dem Vormarsch und machen ihren westlichen Kollegen Konkurrenz, indem sie die heimischen Charts erobern. Zu den angesagtesten Künstlern gehören die Rocker *Stonebay* (www.myspace.com/stonebaymusic) und *Estrella* (www.myspace.com/estrellaband, Foto). Das Quartett rund um Sängerin Liyana hat sich mit seinem kernigen Gitarrenrock ganz nach oben gespielt. Live kann man sie zum Beispiel in der *Laundry Bar* hören *(Lot G75 & 76, Ground Floor, Western Courtyard, The Curve, No. 6 PJU 7/3, Mutiara Damansara, Petaling Jaya, http://laundrybar.net)*. Gute Livemusik gibt's auch im *Groove Junction (1-1 Jalan 22A/70A, Desa Sri Hartamas, Kuala Lumpur, www.groove-junctionkl.com)*.

▶▶ BUBBLE TEA

Neues In-Getränk

Die ursprünglich aus Taiwan stammende schäumende Teevariation, die wie ein Milchshake zubereitet wird, ist der letzte Schrei. Angesagte Mixes aus den kleinen bunten Tapioka-Kügelchen gibt's in der *Dessert Bar (Lot 1A, LG Floor, Mont Kiara Shoplex, 15 Jalan Kiara, Mont Kiara)*. Das *Yippee Cup* nennt sich *Bubble Tea Cafe & Restaurant* und serviert abgefahrene Mixes des Schaumtees *(10 Jalan SS2/67, SS2, Petaling Jaya, www.yippeecup.com)*.

▶▶ MEHR ALS NUR SPORT

Capoeira macht mobil

Der brasilianische Kampftanz findet immer mehr Anhänger. Die *Academia Bantus* hat das Ziel, Capoeira und die damit verbundenen Formen afrobrasilianischer Kultur in Malaysia zu etablieren *(23-C, Jalan SS22/23, Damansara Jaya, Petaling Jaya, www.bantus.com.my)*. Die *Escola Brasileira de Capoeira* will den Sport zur Integration unterschiedlicher sozialer Klassen nutzen – mit Kursen, öffentlichen Meisterschaften und Events *(Kurse: Havana Estudio (Salsa Div.), 56A Jalan Datuk Sulaiman, Taman Tun Dr. Ismail, www.ebcmalaysia.com)*. Auch in Penang boomt Capoeira: Kurse gibt es z.B. bei *Capoeira Penang* der *YMCA (Youth Park Georgetown)*.

>> SZENE

▶▶ IM EINKLANG MIT DER NATUR

Die neuen Wellnessangebote

Außergewöhnliche Treatments aus natürlichen Zutaten in natürlicher Umgebung sind der Renner bei Beauty-Begeisterten. Aromatische Anwendungen des *The Spa* in *The Datai* (The Datai, Langkawi, www.langkawi-resorts.com, Foto) wie das Javanese Body Polish mit Kaffee, Bambus oder Ginseng finden mitten im tropischen Regenwald statt. Die frische Brise der Andamansee haben die Besucher des *Embun Spa* in der Nase, während sie bei schwarzem Reis-Karotten-Scrub mit Papaya Wrap entspannen *(Langkawi Lagoon Resort, Lot 78, Jalan Kuala Muda, Padang Matsirat, Langkawi, www.langkawilagoonresort.com)*. Direkt am Strand genießt man im *Heavenly Spa* des *Westin Langkawi Resort & Spa* ein Peeling mit pflegendem Kokosnussöl *(Jalan Pantai Dato Syed Omar, Kedah, Langkawi, www.starwoodhotels.com)*.

▶▶ MODERNE KUNST

Jung und aktiv

Unter der Oberfläche brodelt es: Die zeitgenössische Kunstszene erwacht zu neuem Leben und begeistert mit immer mehr Events. Raum für innovative Gegenwartskunst und neue Künstler bietet z.B. das *Annexe* in Kuala Lumpur *(4.01, 2nd Floor, Central Market Annexe, Jalan Hang Kasturi)*. Hier finden regelmäßig Aktionen und Veranstaltungen statt, z.B. *Art for Grabs*, ein Kunstbasar, auf dem junge Künstler ihre Werke präsentieren und verkaufen können. Eine alternative Plattform für Ausstellungen und Performances bietet auch das *Lost Generation Space*, wo besonderer Wert auf eine multikulturelle künstlerische Atmosphäre gelegt wird *(No.11, Lorong Permai, Off Jalan Syed Putra, Robson Heights, Kuala Lumpur, www.geocities.com/lostgenspace)*. Außergewöhnlich und neu: *Seksan Design*, eine Gruppe von Landschaftsarchitekten, die junge Künstler mit Projekten fördern. Ab und zu finden in ihren Räumen auch Lesungen statt *(67 Jalan Tempinis Satu, Lucky Garden, Bangsar, Kuala Lumpur, www.seksan.com/67temp.html)*.

Bild: Drachenlenker in Kota Bharu

> VON ANIMISMUS BIS ZINN

Schwarze und weiße Magie, märchenhaft reiche Herrscher und uralte Regenwälder – Malaysia ist ein Land voller Exotik

ANIMISMUS

Die ursprüngliche Religion ist der Animismus, und für jene Ureinwohner, die ihn noch praktizieren, sind Omen in der Natur, Träume und die Kommunikation mit Verstorbenen von großer Bedeutung. Auch Chinesen pflegen ihre Beziehung zu Schutzgeistern und Ahnen. Schamanen und Hexenmeisterinnen sterben zwar langsam aus, aber der uralte Glaube wurzelt tief. Selbst wenn sich moderne Malaysier zu einer der Weltreligionen bekennen – an der Effizienz von weißer und schwarzer Magie zweifeln nur wenige.

BRUNEI

Brunei-Darussalam war bereits im 15. Jh. mächtig, ging im Lauf der Geschichte aber fast unter, bis 1929 vor der Küste Erdöl entdeckt wurde.

STICH WORTE

1984 wurde das kleine Land von Großbritannien unabhängig. Der absolute Herrscher Sultan Hassanal Bolkiah gilt als zweitreichster Mann der Welt und beschert Brunei Wohlfahrt sondergleichen: keine Steuern, freie Kranken- und Rentenversicherung, Spitzenlöhne. Für unliebsame Arbeiten wird ein Heer von Gastarbeitern aus Malaysia, Indonesien und anderen Ländern beschäftigt. So fällt es den 390 000 Einwohnern des 5765 km² kleinen Ministaates leicht, ihrem Herrscher den 350 Mio. Dollar teuren Palast, die Flotte italienischer Luxuskarossen und die 200 argentinischen Polopferde zu gönnen.

BUMIPUTRA

Landwirtschaft, Fischerei und Jagd sind traditionellerweise Sache der hier lebenden Volksgruppen (Proto-Malaien) und der vorwiegend aus dem indonesischen Raum stammenden Malaien. Malaien und Proto-Malaien werden als *Bumiputra* (Söhne der Erde) vom Staat mit Privilegien gefördert (z. B. Steuervergünstigungen, leichterer Zugang zu Regierungspositionen und Universitäten, bessere Bankkonditionen). In Politik und Gesellschaft sind sie heute führend, aber an der Wirtschaftsspitze stehen Chinesen. Sie trieben seit ewigen Zeiten Handel mit den Malaien und wanderten im 19. Jh. zu Hunderttausenden ein. Chinesen stellen heute 30 Prozent der Bevölkerung. Die britischen Kolonialherren holten im 19. Jh. zudem massenweise indische Plantagenarbeiter ins Land. Sie machen heute etwa 8 Prozent der Malaysier aus.

Verwirrung gibt es immer wieder beim unterschiedlichen Gebrauch der Begriffe Malaysier und Malaien: Letztere sind Angehörige der malaiischen Volksgruppe, also der Bumiputra. Alle unterschiedlichen Ethnien zusammen – Malaien, Chinesen, Inder oder die Nachkommen der Proto-Malaien – sind dagegen Malaysier, also Staatsbürger Malaysias.

DRACHEN UND GASING

Bunte Drachen aus Bambus und Seidenpapier, mit Flügelspannweiten von 2,5 m, hoch in den Lüften – welch ein Kindertraum! Aber es braucht zwei Männer, um einen *Wau* (Drachen) zu führen. Noch anspruchsvoller ist *Gasing*, das Kreiselspiel: Der Werfer rollt auf einer tellergroßen Holzscheibe (mit Zinnrand bis zu 6 kg schwer) ein Seil fest und schießt die Scheibe mit voller Kraft und Präzision gen Boden. Ein zweiter Spieler fängt den Kreisel mit einer flachen Holzschaufel auf und setzt ihn auf einen Pflock, wo er weiter dreht und dreht. An der Ostküste der Halbinsel sind die Spiele auf Volksfesten und in den Kulturzentren zu sehen.

FAUNA UND FLORA

Dank der stabilen klimatischen Verhältnisse sind Malaysias Regenwälder älter als die des Amazonas; Fauna und Flora haben sich extrem vielseitig entwickelt. Allein die Halbinsel bietet mit 8500 Pflanzenarten eine so große Vielfalt wie der nordamerikanische Kontinent. Neben über tausend

Beeindruckend: Riesenblume Rafflesia

> www.marcopolo.de/malaysia

STICHWORTE

Orchideenarten wächst in Malaysia auch die *Rafflesia* – mit Blüten bis zu 1 m Durchmesser die größte Blume der Welt. In den Regenwäldern der Flachlandzonen leben so große Säugetiere wie Leopard, Wildbulle, Elefant, Nashorn, Orang-Utan, Tiger und Tapir. Ihr Lebensraum ist durch die Rodung der Wälder bedroht.

Zahlreicher als die Säugetiere sind die Vogelarten. Mehr als 600 sind bislang gezählt, unter ihnen Königsfischer, Bienenfresser, Silberreiher und Eisvogel. 150 000 Insektenarten sollen in Malaysia beheimatet sein, außerdem finden sich Krokodile, Echsen und viele Schlangenarten (z. B. Kobra, Viper, Python).

KRIS

Als Waffe aus Tausendundeiner Nacht, die den Träger unverwundbar, gar unsichtbar machen kann, ist der Kris eine Legende. Rar geworden sind auch die Meister *(Empu)*, die den Dolch, von Zeremonien und Meditationen begleitet, schmieden können. Die Klinge ist gerade, geschwungen oder wie eine Schlange geformt, der Griff ein geschnitztes Kunstwerk aus Holz, Knochen oder Silber. Bis zur Perfektion beherrschen die Waffe die Meister im Selbstverteidigungskampf *Silat Melaya*.

NAMEN

Malaien setzen anstelle des Nachnamens den Namen des Vaters hinter den eigenen; somit ist Herr Rewat Mohamed Mr. Rewat. Chinesen stellen ihren Vornamen (sofern er kein westlicher ist) hinter den Familiennamen – Frau Jap Kit Loo wird als Mrs. Jap angesprochen. Inder stellen oft die Initialen des väterlichen Namens vor den eigenen. Fragen Sie Ihr Gegenüber im Zweifelsfall nach der richtigen Anrede. Darüber hinaus gibt es einige sehr dezidierte Regeln: Männer werden von Jüngeren mit *uncle* (Onkel) angesprochen, Frauen entsprechend als *aunty* (Tante). Jüngere Menschen, z. B. eine Kellnerin oder einen Kellner im Restaurant, kann man durchaus mit *adik* (kleiner Bruder oder kleine Schwester) ansprechen. In der Familie hat jeder Bruder einen eigenen Titel: Der Älteste heißt *Abang Long*, der nächste *Abang Ngah* und so weiter. Entsprechendes gilt für Schwestern: *Kak Long* ist die älteste, *Kak Ngah* die zweite usw. Sich nur mit dem Namen anzusprechen gilt als unhöflich.

RIESENSCHILD-KRÖTEN

Immer seltener schleppen sich nachts die mächtigen Urtiere an den Strand,

Politik oder Geschäft? Angeregte Diskussion

buddeln einen Graben und legen 40 bis 150 Eier. Deshalb entnehmen Ranger an den Brutstätten die „Pingpongbälle" und vergraben sie in Camps, wo die Eier geschützt vor Feinden heranreifen. Sind die Jungen nach 50 bis 60 Tagen aus dem Sand gekrabbelt, geht's in Eimern ans Meer. Nur zwei Prozent überleben die gefährliche Zeit bis zum Erwachsenwerden. Doch vielleicht ist darunter ein Weibchen, das nach 15 bis 20 Jahren an den Geburtsstrand zurückfindet, um Eier zu legen.

RUBBER RIDLEY

Der Brite Henri N. Ridley hatte 1888 Sprösslinge des brasilianischen Gummibaums (lat. Hevea brasiliensis) nach Singapur mitgenommen und deren Anbau dermaßen propagiert, dass der ehemalige Direktor der Londoner Kew Gardens nur noch *Rubber Ridley* genannt wurde. Es zeigte sich allerdings, dass Ridley das richtige Gespür hatte: Bis in die 1980er-Jahre boomte das Geschäft mit dem weißdicklichen Saft des Gummibaums. Mittlerweile ist die Produktion auf rund ein Viertel des Weltbedarfs gesunken, auch weil Malaysia noch einen anderen, lukrativeren Nutzbaum gefunden hat: die Ölpalme (lat. Elaeis guineeensis). Sie wird in riesigen Monokulturen angebaut. Das aus ihren Früchten gewonnene Öl macht die Hälfte der Weltproduktion aus. Beide Rohstoffe werden in Industrieländern für unzählige Produkte verwendet, und beide tragen in Malaysia weit mehr zur Schrumpfung des Regenwalds bei als das Geschäft mit Tropenholz.

UREINWOHNER BORNEOS

In 40 000 Jahren haben sich auf Borneo sehr unterschiedliche Volksgruppen herausgebildet. Im heutigen Sarawak machen die einst als Kopfjäger gefürchteten *Iban* ein Drittel der Bevölkerung aus. Viele von ihnen leben in Langhäusern und bauen Tapioka, eine Art Kartoffel, an. Die *Bidayuh* (etwa 8 Prozent der Einwohner Sarawaks) sind in den Gebirgsregionen des westlichen Regenwalds beheimatet, die *Melanau* (6 Prozent) leben als Küstenbewohner von der Fischerei und dem Anbau der Sagopalme. Die *Orang Ulu* (5 Prozent) setzen sich aus 21 Untergruppen zusammen – dazu gehören die *Kelabit*-Reisbauern des Bareo-Hochlands und die von den Früchten des Regenwalds lebenden *Penan*.

In Sabah stellen die 30 Ureinwohnervölker noch rund 70 Prozent der Einwohner. Die *Kadazan* (ein Drittel der Einwohner Sabahs) betreiben Reis- und Gemüseanbau. Die 40 000 *Muruts* lebten ursprünglich vom Wanderfeldbau und der Blasrohrjagd. Die *Bajaus* (14 Prozent der Bevölkerung) waren Seenomaden, bevor sie sich an der Westküste ansiedelten.

VOGELNESTSUPPE

Abertausende von winzigen *Salanganen* (Seglervögel) bauen in den Tropfsteinhöhlen Borneos ebenso winzige Nester aus Speichel. Chinesen schätzen diese *Bird's nests* seit tausend Jahren als Delikatesse in Suppen. Die Sammler klettern an hals-

> *www.marcopolo.de/malaysia*

STICHWORTE

brecherischen Bambusstangen und Rattanleitern die Höhlenwände hoch: das erste Mal, bevor die Salanganen die Eier gelegt haben, sodass Zeit für den zweiten Nestbau bleibt, und das zweite Mal, wenn die Jungen ausgeflogen sind. Gewaschen, getrocknet und exklusiv verpackt kostet die Delikatesse bis zu 500 Dollar pro Kilo.

Eskapaden mancher *royals* stehen denen der britischen in nichts nach.

ZINN

In Malaysia ist Zinn seit 500 Jahren ein Wirtschaftsfaktor, der die Entwicklung der westlichen Halbinsel seit dem 19. Jh. beeinflusst hat. Von

Junge Kadazan-Frauen in Sabah auf der Insel Borneo

YANG DI-PERTUAN AGONG

„Erster unter den höchsten Durchlauchten" ist jeweils für die Amtszeit von fünf Jahren einer der Sultane, die in neun Bundesstaaten das Reich ihrer Vorväter repräsentieren (in Melaka, Penang, Sarawak und Sabah regiert ein Gouverneur). Die Allüren und Eskapaden den 87 Chinesen, die 1857 dort Zinn gefunden hatten, wo heute Kuala Lumpurs Jame-Moschee steht, überlebten nur 18 (reich gewordene) Männer Tropenkrankheiten und Kriminalität. Vorwiegend chinesische Einwanderer suchten ihr Glück im Zinngeschäft und brachten es zu Reichtum und Macht. Bis Mitte der 1980er-Jahre lieferte Malaysia etwa zwei Drittel des Weltbedarfs an Zinn.

DRACHENTÄNZE UND BÜFFELRENNEN

Ob chinesisch, muslimisch, hinduistisch oder buddhistisch – Malaysias Feste sind so vielfältig wie das Land

> Ob Moslems, Chinesen oder Hindus – alle Volksgruppen pflegen ihre eigenen Feiertage und Festivals. Dabei werden die Daten religiöser Feiertage oft nach dem Mondkalender bestimmt und finden deshalb jedes Jahr an einem anderen Tag statt. Touristeninformationsbüros haben die aktuellen Daten, oder Sie können sie unter www.cuti.com.my/guide/calendar2009.htm abrufen. Staatliche Feiertage werden entweder landesweit oder nur in einzelnen Bundesstaaten begangen. Fällt ein offizieller Feiertag auf einen Freitag bzw. Sonntag, ist der nächste Tag arbeitsfrei. Auch die Geburtstage der Sultane sind in ihren Bundesstaaten offizielle Feiertage.

FESTE FEIERTAGE

1. Jan. *Neujahr* (nicht in Johor, Kedah, Kelantan, Perlis, Terengganu); **1. Feb.** *Federal Territory Day* (Kuala Lumpur, Putrajaya, Labuan); **1. Mai** Tag der Arbeit: **1./2. Juni** *Dayak Festival* (nur in Sarawak); **31. Aug.** *Merdeka Day* (Unabhängigkeitstag); **25. Dez.** *Weihnachten*

VARIABLE FEIERTAGE

Jan./Feb. Thaipusam (Johor, Negeri Sembilan, Perak, Penang, Selangor); *Chinesisches Neujahr;* **Mai** *Geburtstag des Propheten; Wesak Day* (Gedenktag Buddhas). **Flexibel übers Jahr:** *Hari Raya Qurban* (Ende der Mekka-Pilgerfahrt); *Awal Muharram* (Moslemisches Neujahr); *Good Friday* (Karfreitag; nur in Sabah und Sarawak); *Awal Ramadan* (Beginn des Ramadan; nur in Johor, Kedah, Melaka); *Deepavali* (Hinduistisches Lichterfest; nicht in Sarawak und Labuan); *Nuzul Al Q'uran* (Verkündigung des Koran; in Kelantan, Pahang, Perak, Perlis, Selangor, Terengganu); *Hari Raya Puasa* (Ende des Ramadan)

FESTE UND VERANSTALTUNGEN

Mitte Januar/Anfang Februar
Thaipusam: Höchst bizarr sind die Pilgerumzüge dieses wichtigen Hindufests in Kuala Lumpur und Penang. Gläubige in Trance bohren sich Spieße und Speere durch die Zunge und ins Fleisch. Ge-

Aktuelle Events weltweit auf www.marcopolo.de/events

> EVENTS
FESTE & MEHR

schmückte Opfergestelle *(kavadis)* sind mit Haken in der Haut verankert; seltsamerweise fließt kein Blut.

⭐ *Chinesisches Neujahr:* Knallkörper, laute Musik und Drachentänze sollen die bösen Geister vertreiben. Die Feierlichkeiten dauern bis zu zwei Wochen und legen zumindest für ein paar Tage das Geschäftsleben lahm. Auf Penang enden sie mit der überschwenglichen *Chingay Prozession*.

April
Qingming: Damit ihre Ahnen im Jenseits weltlichen Genüssen frönen können, verbrennen Chinesen aus Papier gefertigte Güter wie Autos, Designeruhren und Geldscheine.

Mai
Pesta Kaamatan: Den ganzen Monat lang feiern die Kadazan auf Sabah ihr Erntedankfest mit Tänzen, Büffelrennen und Ringkämpfen. Höhepunkt sind die Erntedankzeremonien der *Bobhizan* (Priesterinnen) am 30./31. Mai.

Wesak Day: Buddhisten gedenken der Geburt, Erleuchtung und des Todes Buddhas mit Laternenprozessionen.
Int. Drachen-Festival: Ende Mai am Pantai Sri Tujuh (Beach of Seven Lagoons)

1. und 2. Juni ⭐
Gaway Dayak: Die Dayak in Sarawak feiern von der Nacht zum 1. Juni mit Reiswein, Tänzen und traditioneller Musik bis zum 2. Juni Erntedankfest.

August
Yulan: Chinesen opfern zum Fest der hungrigen Geister den Seelen der auf die Erde zurückgekehrten Ahnen Essen.
Merdaka Day: Zum Nationalfeiertag am 31. Aug. landesweit Paraden, Sport- und Kulturveranstaltungen.

Oktober/November
Deepavali: Ende Okt. oder Anfang Nov. feiern die Hindus das Lichterfest. Häuser und Straßen werden mit Lichterketten und Lampions geschmückt als Triumph des Lichts über die Dunkelheit.

> GAUMEN AUF KULTURREISE

Der Vielvölkerstaat bietet reichlich Abwechslung und hält große kulinarische Erlebnisse in petto

> Essen spielt in Malaysia eine wichtige Rolle. Wenn Sie eine malaiische Familie besuchen, wird „Sudah makan?" die erste Frage nach der Begrüßung sein: „Hast du schon gegessen?"

Malaysias kulturelle Vielfalt findet sich auch in den Speisen wieder. *Satay*, *kwai teow* oder *tandoori chicken* – jede ethnische Gruppe hat ihre Spezialitäten beigetragen. Das Land ist ein Paradies für Feinschmecker: An jeder Straßenecke gibt es Restaurants, in denen man für umgerechnet 1 Euro ein vollwertiges, köstliches Mittag- oder Abendessen bekommt. Selbst in den besseren Restaurants zahlt man nur zwischen 5 und 10 Euro für ein komplettes Menü mit Getränken. Die ausländischen Restaurants in den 5-Sterne-Hotels sind meist sehr viel teurer, was aber nicht zwingend bessere Qualität bedeutet.

Traditionellerweise essen Malaien und Inder mit der rechten Hand, die

Bild: Satay mit Erdnusssoße und Gurkenschnitzen

ESSEN & TRINKEN

Chinesen mit Stäbchen – Besteck gibt es aber überall. Während des Fastenmonats Ramadan bleiben malaiische Lokale zumindest bis Sonnenuntergang geschlossen.

Reis *(nasi)* und Nudeln *(mee)* sind die Basis der Ernährung. *Sambal,* eine mit zerstoßenem Chili und Knoblauch angereicherte Shrimppaste, ist den Malaien als Beigabe unentbehrlich, den meisten Europäern aber zu scharf. Überhaupt finden Gewürze in der Küche der Malaien kräftige Anwendung. Rind *(lembu),* Huhn *(ayam),* Ziege oder Lamm *(kambing)* und Fisch *(ikan)* werden in Currys *(kari)* zubereitet, verschiedenen Soßenrezepten mit Kokosnuss, Ingwer, Chili, Knoblauch, Tumerik (ähnlich dem bekannteren Kardamom) und anderen geheimnisvollen Zutaten.

Die Chinesen pflegen diverse regionale Küchen: Eine Spezialität der kantonesischen sind *dim sum,* kleine

Häppchen wie Frühlingsröllchen oder gedämpfte oder gebratene Klößchen, die vom Frühstück bis zum Mittagessen serviert werden. Die Szechuan-Küche verwendet viel Chili und Knoblauch, aus Peking stammen viele Nudelgerichte und die Shanghai-Küche besticht durch Eintöpfe.

Populär ist *steamboat*, eine Art Fondue, bei dem Gemüse, Fleisch- und Fischsorten in eine kochende Bouillon getaucht werden. Mutige Gäste probieren Fischkopfcurry oder die berühmte Vogelnestsuppe. Vor allem in Melaka und Penang finden Sie *Nyonya*-Küche, eine Fusion aus traditio-

> SPEZIALITÄTEN
Genießen Sie die typisch malaysische Küche!

■ MALAIISCH

Ikan panggang – in Bananenblätter eingewickelter und auf Holzkohle gegrillter Flussfisch; besonders lecker!
Laksa – eine Suppe, die sauer (mit Tamarinde) oder mit Kokosmilch, Fleisch oder Fisch und Nudeln zubereitet wird
Nasi lemak – Reis in Kokosnussmilch gekocht und serviert mit frittierten Anchovis, Currytintenfisch, hart gekochtem Ei, Gurkenscheiben und Sambal
Rendang daging – in Kokosnusssahne gekochtes Rindfleisch; dazu *ketupat* (Würfel aus gekochtem, gepresstem Reis)

Satay – gegrillte Fleischspießchen serviert mit einer Erdnusstunke und süsssauer eingelegten Gurken-, Zwiebel- und Chilischnitzen

■ CHINESISCH

Bak kut teh – eine klare Suppe mit vielen Kräutern und Schweinerippchen; wird mit Reis und chinesischen Croissants gegessen
Hainan chicken rice – zartes Hühnerfleisch auf Reis, garniert mit Frühlingszwiebeln, Koriander und Gurkenscheiben
Pau – gedämpfte Hefeteigklöße mit verschiedenen Füllungen (Schweinefleisch, Ei, rote Bohnenpaste, Gemüse); zum Frühstück oder als Imbiss

■ INDISCH

Korma – Fleisch oder Gemüse in einer milden, enorm aromatischen Currysoße; als Beilage gibt es Reis oder *naan*
Nasi biryani – Langkornreis mit Mandelsplittern, Rosinen, Zimtstangen, Tumerik und Kardamom; wird oft mit Curryhuhn gegessen
Samosa – ausgebackene, dreieckige Teigtäschchen mit Gemüse- oder Fleischfüllung; zum Eintunken eine süße Soße; meist als Vorspeise

■ DESSERT

Ice kacang – frisch geraspeltes Eis mit süßem Sirup und mit marinierten Früchten, Gelees und roten Bohnen garniert; ein neuartiges Eiserlebnis!

ESSEN & TRINKEN

neller chinesischer und malaiischer Kochkunst. Typisch für sie sind exotische Salate oder *laksa,* eine tropische Bouillabaisse.

Die Tamilküche der Südinder ist mit einer großen Auswahl an Gemüse eine Wohltat für Vegetarier. Versuchen Sie den Linsenbrei *dal*, *palak paneer* (Spinat mit Frischkäse) oder *ladyfingers* (Okraschoten). *Sambas* und *idii* sind krapfenähnliche, oft mit Gemüse gefüllte Knödel aus Reis- oder Weizenmehl, die ausgebacken oder gedämpft werden, *dosa* hauchdünne Pfannkuchen aus verschiedenen Mehlmischungen. Mit einem aromatischen Gemüsecurry gefüllt werden sie als *masala dosa* bezeichnet.

Die reichen Soßen der nordindischen Küche genießen Sie am besten mit *naan*. Die pizzateigähnlichen Fladenbrote kommen aus dem *tandoor*, einem tonnenförmigen Lehmofen, in dem auch mariniertes Fleisch am Spieß gegart wird. *Roti canai* sind eine köstliche Alternative zum langweiligen Toastfrühstück: Virtuos backen die Köche hauchdünne Pfannkuchen auf einer runden Herdplatte aus, legen die *roti* dann zusammen und servieren sie mit einer Soße zum Tunken. Gefüllt mit Eiern oder Fleisch heissen die Pfannkuchen *murtabak*.

Auf Borneo können Sie auch Dschungelprodukte kosten: Wildes Farngemüse, Pilze, Wildschweinbraten und Fische oder Krebse aus den Flüssen. Vor allem die chinesische Küche bietet eine reiche Auswahl an Meeresfrüchten: Fisch, Muscheln, Garnelen, Krebse und Tintenfisch gibt es in verschiedenen Varianten und vielseitigen Zubereitungsarten.

Früchte bekommen Sie am besten auf dem Markt. Von April bis August werden Sie sich wundern, warum ausgerechnet die Stinkfrucht *durian* Königin der südostasiatischen Füchte sein soll. Halten Sie sich die Nase zu

Leckere Häppchen: chinesische Dim sum

und beißen Sie ins weißlich-cremige Fruchtfleisch – und Sie werden vom vanilleartigen Geschmack begeistert sein. Wassermelonen, Starfruit, Ananas, Bananen, Papaya, Äpfel und Orangen gibt es das ganze Jahr über, andere Früchte wie Mangos, Guaven, Pomelos, Rambutan, Litschis und Mangostanen dagegen nur saisonal.

Der Saft junger Kokosnüsse *(kelapa muda)* ist ein populärer Durstlöscher. Tee *(teh)* und Kaffee *(kopi)* serviert man schwarz oder mit süßer Kondensmilch. Alkoholische Getränke werden nur in chinesischen, manchen indischen und westlichen Restaurants ausgeschenkt. Auf Borneo produzieren die Einheimischen Reiswein, der in Sarawak *tuak* und in Sabah *tapai* genannt wird.

FEINSTE HANDWERKSPRODUKTE
Von herrlichen Batik- und Ikatstoffen,
Silberschmiedearbeiten und Holzschnitzereien

> Ganz unasiatisch wird in Malaysia den Touristen von den Verkäufern keine Ware aufgedrängt. Sie können in aller Ruhe und ohne Kaufdruck stöbern.

EINKAUFSZENTREN

In und um Kuala Lumpur sind große Einkaufszentren entstanden, die alle westlichen Konsumgüter im Angebot haben. Zu den nobelsten und teuersten gehören das *Suria KLCC (www.suriaklcc.com.my)* direkt an den Twin-Towers und die *Starhill Gallery* am Bukit Bintang *(www.starhillgallery.com)*. Das in Petaling Jayas Stadtteil Subang gelegene *Sunway Pyramid (www.sunwaypyramid.com)* ist Einkaufszentrum und Themenpark in einem. Interessant ist ein Bummel durch das bereits 1977 eröffnete *Sungei Wang Plaza (www.sungeiwang.com)*. Hier bieten über 700 Läden Waren aller Art zu erschwinglichen Preisen an. Malaysias größtes Shopping Center ist das *Berjayc Times Square (www.timessquarekl.com)*, in dessen Indoorthemenpark Sie eine 800 m lange Achterbahn finden.

HOLZ

Holzschnitzereien werden vor allem in Sarawak und Sabah hergestellt. Sie werden in einigen Geschäften rund um den Central Market in Kuala Lumpur verkauft und natürlich vor Ort. Die Holzmasken, die die *Mak Meri* auf der Port Klang vorgelagerten Insel Carey herstellen, sollen zu den schönsten ihrer Art gehören. Verbinden Sie einen Besuch auf der Insel mit einem Mittag- oder Abendessen in einem der vielen Seafood-Restaurants.

Insider Tip

MÄRKTE

Asiatisch geht es auf dem *Nachtmarkt in der Petaling Street* in Kuala Lumpur zu. Neben Obst und Speisen finden Sie hier Kleidung, Taschen aller Art, Uhren u. v. m. Doch Vorsicht: Es handelt sich in der Regel um Imitationen, obwohl der Unterschied für Laien schwer feststellbar ist. Vergessen Sie nicht zu handeln. Wenn Sie mit Ihrem Angebot unter 50 Prozent gehen, merken Sie, dass Sie sich der Schmerzgrenze nähern. Viel weniger auf Tourismus ausgerichtet sind

> EINKAUFEN

die meisten anderen Nachtmärkte im Land. Das Angebot konzentriert sich meist auf Lebensmittel, Kleidung und lokale Speisen. Ein Besuch bietet einen wenn auch flüchtigen Einblick in die Lebensgewohnheiten der Menschen. Die Preise auf den Märkten sind die landesüblichen, d.h. ohne Touristenzuschlag. Dennoch: Selbst in den Kaufhäusern fragt man mitunter erfolgreich nach Ermäßigung („Is there any discount?").

STOFFE

In Malaysia sind Batikstoffe sehr beliebt, nicht nur bei formellen Anlässen. Hergestellt werden die Stoffe besonders in Kelantan und Terengganu an der Ostküste. Einige Muster finden Sie auf der Webseite http://kelantanbatik.brave host.com. Hier können Sie vor Ort bei der Batik-Produktion zuschauen: *Pn. Azlinda Nordin (En. Ruhi Mukhlis Muhammad, Wisma Nordin | Lot 74, Kg. Paloh, Jalan Pintu Geng | Kota Bharu | Kelantan | Tel. 09/747 33 97 | www.nordin batik.com)* oder im *Cultural Craft Center (Section 63 | Jalan Conlay | Kuala Lumpur | Tel. 03/21 62 74 59 | www.kraft angan.gov.my)*.
Wunderschöne Ikat-Stoffe, die *pua kumbu*, stellen die Iban und Dayak in Sarawak her. Auf einer Drei-Tage-Tour durch Borneo haben Sie Gelegenheit den Weberinnen zuzuschauen: *3 Days Sibu Fullboard Tour | Kontakt: Greatown Travel | Tel. 19/856 50 41 | www.greatown.com*

ZINN & SILBER

Vor allem in den Fabriken an der Westküste wird Zinn zu Gebrauchs- und Dekorationsgegenständen verarbeitet. Die *Royal Selangor* ist eine der größten Firmen, ihre Produkte finden Sie in jedem großen Einkaufszentrum.
Wunderschön und kunstvoll sind die Silberschmiedearbeiten, die traditionellen Mustern folgend vor allem an der Ostküste Malaysias hergestellt werden. Die Produkte werden in den unzähligen Silberwarenläden überall im ganzen Land verkauft.

> TRADITIONELLER CHARME TRIFFT MODERNE

Futuristische Wolkenkratzer neben Tempeln, Villen und dem kolonialem Erbe von Malaysias ältester Stadt

> **An der Westküste finden sich Jahrhunderte alte Handelsplätze, der traditionelle Charme asiatischer Städte und die Errungenschaften der Moderne in einem.**

Anders als die Ostküste haben die Städte der Westküste, insbesondere Melaka und Penang, eine uralte Tradition im Handel mit aller Welt. Melaka wurde im 15. Jh. zu einem der wichtigsten Seehäfen der Welt. Zuerst fielen Portugiesen in Melaka ein, dann die Holländer und zuletzt die Engländer. Das erst Mitte des 19. Jhs. gegründete Kuala Lumpur, die heutige Hauptstadt mit ihrem Wahrzeichen, den Twin Towers, lange die größten Bürotürme der Welt, hat sich zu einer modernen Metropole entwickelt, die Besuchern allen erdenklichen Komfort bietet.

Der Taman Negara, der Nationalpark, der sich über große Teile der nördlichen Halbinsel erstreckt, ist mit seinem 130 Mio. Jahre alten Dschun-

Bild: Thean Hou Tempel in Kuala Lumpur

WESTEN DER HALBINSEL

gel eines der ältesten Waldgebiete der Erde. Hier leben noch Elefanten, Tapire, Panther, Nashörner und Tiger.

GEORGETOWN

[116 A2] ★ „In Penang schlug uns, an einem heißfeuchten glanzvollen Abend, zum ersten Mal das quellende Leben einer asiatischen Stadt entgegen... Wir blickten mit Erstaunen den bunten Erscheinungen des Gassenlebens in der Hindustadt, der Chinesenstadt, der Malaienstadt nach. Wildes, farbiges Menschengewimmel in den immer vollen Gassen, nächtliches Kerzenmeer …". Das waren Hermann Hesses Eindrücke während seines Aufenthaltes auf der Insel Penang im Jahr 1911, die er in seinem Reisebericht „Aus Indien" beschrieb. Bis heute hat sich Georgetown, die Hauptstadt Penangs, ihren asiatischen Charme bewahrt. Die Gegend

GEORGETOWN

um die Straßen *Jalan Penang*, *Lebuh Chulia* und *Lebuh Pitt* mit den *rickshaws*, den chinesischen *shop houses* und Garküchen erscheint an manchen Orten wie ein Bild vergangener Zeiten. Der *Penang Heritage Trust (26 Church Street | Tel. 04/264 26 31 | www.pht.org.my)* bietet verschiedene Führungen durch Georgetown an. Penang mit seinen rd. 1,5 Mio. Einwohner, wovon etwa 50 Prozent Chinesen sind, ist nach Perlis der zweitkleinste Bundesstaat Malaysias, zu dem neben der Insel ein schmaler Streifen auf dem Festland mit der Hafenstadt Butterworth gehört.

■ SEHENSWERTES

BOTANISCHER GARTEN

Hier erleben Sie die große Vielfalt der tropischen Pflanzen der Region auf einem 30 ha großen Areal. *Tgl. 7–19 Uhr | Jalan Kebun Bunga*

HISTORISCHE VILLEN

The Blue Mansion, die zwischen 1896 und 1904 erbaute Villa des erfolgreichen chinesischen Geschäftsmann Cheong Fatt Tze, steht in der Leith Street. Sie können sich bei einer Führung die ausgeklügelte und nach den Feng Shui-Regeln konstruierte Architektur erklären lassen. In der 38-Zimmer-Villa können Sie auch übernachten *(Führungen Mo–So 11–15 Uhr | 14, Leith Street | Tel. 04/262 52 89 | Eintritt RM 12 | www.cheongfatttzemansion.com)*. Das um 1860 erbaute Haus eines Kaufmanns aus Aceh beherbergt heute das *Islamische Museum Penang (Mi–Mo 9.30–18 Uhr | 128, Lebuh Armenian | Eintritt RM 3 | www.penangislamicmuseum.net)*

KEK LOK SI

Einer der schönsten buddhistischen Tempel, zwischen 1893 und 1930 in Form einer siebenstöckigen Pagode im Stadtteil Air Itam gebaut. Die Göttin Avalokitesvara wird in Form

Imposant: Clock Tower in Georgetown

ESTEN DER HALBINSEL

einer 30 m hohen Bronzestatue dargestellt. *Keine festen Öffnungszeiten | Eintritt: Spende ab RM 2*

KOLONIALES ERBE
Der *Clock Tower*, der 18 m hohe Uhrturm, ist idealer Ausgangspunkt für einen Spaziergang entlang den historischen Bauten. Schräg gegenüber wurde das *Fort Cornwallis (tgl. 8.30–19 Uhr | Eintritt RM 1)* 1804 von indischen Gefangenen zur Festung ausgebaut. Man kann auf dem Gelände die sagenumwobene Kanone *Seri Rambai* betrachten. Entlang der Uferpromenade fällt der Blick auf die schneeweiße *City Hall* und die benachbarte *Town Hall* (beide 19. Jh.). Auf der *Lebuh Farquhar* liegt das Gerichtsgebäude *(High Court)*.

KONGSI
Ein Kongsi ist Tempel und Wohnhaus eines chinesischen Clans – entsprechend prachtvoll sind Architektur und Räumlichkeiten. Das *Khoo Kongsi (tgl. 9–17 Uhr | 18, Lebuh Cannon | www.khookongsi.com.my)* besteht aus Verwaltungsgebäude, Versammlungshalle, einer Opernbühne, 62 Einheiten von *shop houses* und Reihenhäusern und besticht durch das reich mit Drachen, Gold und Fayencen verzierte Dach. An die einflussreichen Ahnen erinnern kleine Holzstelen. Den Schutzgeistern ist der größere, prunkvoll dekorierte Saal gewidmet. Auch das benachbarte *Cheah Kongsi* liegt in einem Innenhof, zu dem schmale Gassen von der *Lebuh Armenia* und der *Lebuh Ah Quee* führen. Leichter zu finden ist das in der Nähe liegende *Yeoh Kongsi (Lebuh Chulia)*.

PENANG HILL [116 A2]
Fahren Sie – am besten früh morgens, um lange Wartezeiten zu vermeiden – mit der Kabelbahn auf den 830 m hohen Penang Hill und genießen Sie den wundervollen Panoramablick über die Insel und das Meer. *Tgl. 6.30–21.30 Uhr | alle 30 Min. | RM 4,50 hin und zurück*

PENANG MUSEUM AND ART GALLERY
Interessante Präsentation der Geschichte der Insel und ihrer Kultur. *Sa–Do 8.30–13 u. 14–16.30, Fr 9–12 und 14.45–17 Uhr | Lebuh Farquhar*

MARCO POLO HIGHLIGHTS

★ **Baba Nyonya Heritage Museum**
In Melaka sehen Sie, wie die reichen Kaufleute einst lebten (Seite 47)

★ **Cameron Highlands**
Kühle Luft und üppige Wälder in der populären Hillstation (Seite 44)

★ **Petronas Twin Towers**
Fantastische Aussicht vom Doppelturm in Kuala Lumpur (Seite 40)

★ **Islamic Arts Museum**
Stilvoller Einblick in die islamische Kultur (Seite 39)

★ **Georgetown**
Eine der aufregendsten chinesischen Städte Südostasiens (Seite 31)

★ **Kuala Gandah Elephant Orphanage Sanctuary**
Besuch bei den Elefanten (Seite 45)

GEORGETOWN

| Eintritt RM 1 | www.penangmuseum.com

STRASSE DER HARMONIE

An der *Jalan Mesijd Kapitan Keling* (auch *Lebuh Pitt* genannt) leben Götter verschiedener Religionen harmonisch nebeneinander: An der Ecke *Lebuh Farquhar* steht die *St. George's Church* von 1818, die älteste anglikanische Kirche des Landes. Nicht weit entfernt davon befindet sich der *Kuan Yin Temple (Goddess of Mercy Temple,* 19. Jh.), hier quellen dicke Rauchwolken auf die Straße, weil Gläubige unablässig ein Feuer aus Zetteln mit Wünschen schüren, deren Erfüllung sie von der Göttin der Barmherzigkeit erhoffen. In Sichtweite, mitten in *Little India,* erbauten Hindus 1883 den *Sri Mariamman Temple.* Der Eingang mit dem farbenfrohen Tempelturm liegt an der *Lebuh Queen.* Zurück auf der Straße der Harmonie, an der Kreuzung *Lebuh Buckingham,* steht die gemütlich wirkende, um 1800 gestiftete *Kapitan Keling-Moschee.*

>LOW BUDGET

> Die Tune-Hotels sind eng verbunden mit der Billigfluglinie AirAsia und funktionieren nach demselben Prinzip: Das Hotel bietet ein Basisangebot, Extras kosten. Das *Tune Hotel Kuala Lumpur* [U C1] ist das Flaggschiff der Kette und bietet günstige Übernachtungen ab RM 9.99 im Herz der Stadt. *173 Zi. | 316, Jalan Tuanku Abdul Rahman | Tel. 03/79 62 58 88 | www.tunehotels.com*

> Hochkultur zum Niedrigpreis: Telemann, Mozart, Beethoven oder Brahms spielt das Weltklasseorchester MPO für gerade mal RM 10 in der Konzerthalle in den Petronas Twin Towers [U F1]. *Di 18.30 Uhr | Reservierung: Tel. 03/20 51 70 07 | www.malaysianphilharmonic.com*

> Ein Abendessen bei den legendären *foodstalls* auf dem 2007 renovierten Gelände am *Gurney Drive* in Georgetown direkt am Meer sind ein Muss für Penang-Besucher. An den zahlreichen Ständen bekommen Sie für wenig Geld was typisch ist für die Küche Penangs.

TROPICAL FRUIT FARM

In den 1930er-Jahren aufgebaut mit dem Ziel, tropische Vielfalt zu konservieren, präsentiert die Farm heute über 250 verschiedene tropische Früchte Eine Führung dauert ca. 45 Minuten. *Tgl. 9–18 Uhr | Batu 18 | Jalan Teluk Bahang | Eintritt RM 25 | www.tropicalfruits.com.my*

■ ESSEN & TRINKEN

EDELWEISS CAFÉ

In einem alten, schön restaurierten chinesischen *shop house* eingerichtetes Restaurant, das sowohl beste lokale Küche *(„Edelweiß-Laksa")* als auch Schweizer Gerichte bietet. Im ersten Stock finden Sie eine sehenswerte Ausstellung zur jüngeren (Kultur-)Geschichte Malaysias. Fragen Sie die Wirtin. *Armenian Street 38 | Tel. 04/261 89 35 | www.edelweisscafe.com | €*

NYONYA CORNER

Eines der vielen Restaurants, in denen Sie unbedingt die *Nyonya*-Küche probieren sollten. *15 Jalan Pahang | Tel. 04/228 14 12 | €–€€*

ESTEN DER HALBINSEL

EDEN SEAFOOD VILLAGE RESTAURANT
Der Name steht für sich selbst: Hier bekommen Sie gutes Seafood. *69 A, Batu Ferringhi | Tel. 04/881 12 36 | €–€€*

TANDOORI HOUSE
Traditionelle indische Küche. *36, Lorong Hutton | 04/261 91 05 | €*

nicht, einen der zahlreichen Nachtmärkte *(Pasar Malam)* zu besuchen. Das *Gurney Plaza*, ein Einkaufszentrum, liegt am Gurney Drive.

LITTLE PENANG STREET MARKET

Der Markt findet jeden letzten Sonntag eines Monats im Fußgängerbereich der Penang Street statt. Der grö-

Anfang des 19. Jhs. von den ersten indischen Siedlern gebaut: die Kapitan Keling-Moschee

■ EINKAUFEN

Ein Bummel durch die *Jalan Penang* und die Seitenstraßen lohnt sich. Hier werden in zahlreichen kleinen Geschäften Antiquitäten, Stoffe, Kleidung, Kameras, Radios und vieles mehr angeboten. In der *Lebuh Chulia* und *Lebuh Bishop* finden Sie interessante Antiquitäten- und Trödelläden. Die indischen Goldschmiede bieten ihre Schmuckstücke in der *Jalan Kapitan Keling* an. Versäumen Sie

ßere Teil der Verkäufer sind einheimische Künstler, Bands oder Tanzgruppen unterhalten das Publikum. Teil des Konzepts ist zudem, dass ein Teil der Erlöse sozialen Einrichtungen zu Gute kommt. *www.littlepenang.com.my/*

■ ÜBERNACHTEN

EASTERN & ORIENTAL
In dem 1885 erbauten und kürzlich renovierten Luxushotel stiegen auch

GEORGETOWN

Hermann Hesse und Somerset Maugham ab. Mehrere Restaurants und Bars. *101 Suiten | 10, Lebuh Farquhar | Tel. 04/222 20 00 | Fax 261 63 33 | www.e-o-hotel.com* | €€€

SHANGRI-LA'S RASA SAYANG RESORT
Luxushotel, außerhalb Georgetowns am Strand gelegen; 189 Zimmer im Garden Wing und 115 Zimmer im Rasa Wing (hier auch mit Butler Service). *Batu Ferringhi Beach | Tel. 04/888 88 88 | www.shangri-la.com* | €€–€€€

HOTEL MALAYSIA
Angenehmes Mittelklassehotel, sehr zentral am Anfang der Penang Street gelegen. *126 Zi. | 7, Jalan Penang | Tel. 04/263 33 11 | www.hotelmalaysia.com.my* | €–€€

BLUE DIAMOND HOTEL
Sehr einfacher Backpacker-Treffpunkt, angenehme Atmosphäre, nahe zur Penang Street mitten in Chinatown. *40 Zi. | 422, Jalan Chulia | Tel 04/26 14 11* | €

AM ABEND

DISKOTHEKEN UND CLUBS
Diskos und Clubs, Cafés und Pubs finden Sie in fast allen Teilen der Stadt bzw. der Insel: Die *Slippery Senoritas* am Ende der Penang Street in der Fußgängerzone und direkt daneben das *Uptown Bistro* mit Live-Musik und Restaurant sind absolut in, genau wie das *Soho Freehouse* ein Stück weiter in der Penang Street. Alle größeren Hotels bieten Clubs und (Karaoke-)Bars, meist auch mit Live-Musik.

> BLOGS & PODCASTS
Gute Tagebücher und Files im Internet

> *http://miqdadrules.blogspot.com* – Blog auf Englisch über „alles und jeden in Malaysia" (Selbsteinschätzung), auch über Politisches.

> *http://magickriver.blogspot.com* – Kurzweiliger, mal politisch-kritischer, mal esoterisch-hippiesker Blog eines Frank-Zappa- und James-Joyce-Fans namens Antares

> *www.kennysia.com* – Spritzig-witziger Blog über Land und Leute von Kenny Sia, IT-Angestellter aus Kuching

> *www.travelblog.org/Asia/Malaysia* – Blog auf Englisch. Blogger aus aller Welt erzählen ihre Reiseerlebnisse in Malaysia

> *http://amateurtraveler.com/2007/07/28/episode-99-malaysia* – Ein Fotograf erzählt, was Reisende in Malaysia alles erleben können.

> *http://podasia.net* – Infos zum Reisen in ganz Südostasien, aber auch konkret in Malaysia

> *http://penangpodcast.blogspot.com/* – Etwas älterer Podcast (Englisch) für alle, die Penang lieben

> *http://journals.worldnomads.com/language-guides/post/10389.aspx* – Sprachführer in Podcast-Form, außerdem jede Menge spannende Reiseblogs (einfach bei „Destination": Malaysia eingeben)

Für den Inhalt der Blogs & Podcasts übernimmt die MARCO POLO Redaktion keine Verantwortung.

ESTEN DER HALBINSEL

■ AUSKUNFT

PENANG TOURIST OFFICE
Alle Infos über Penang. Sehr schön gemachte, informative und ausführliche Homepage. *Penang Tourism Action Council | KOMTAR Tower, 56th Floor | Tel. 04/262 02 02 | www.tourismpenang.gov.my*

KUALA LUMPUR

KARTE IN DER HINTEREN UMSCHLAGKLAPPE

[116 B–C4] Die Metropole (1,8 Mio. Ew.) wurde 1957 zur Hauptstadt des unabhän-

Und abends 'ne Runde Billard: entspanntes Nachtleben in Georgetown

■ ZIEL IN DER UMGEBUNG

KRIAN-FLUSS [116 B2]
Von *Nibong Tebal* auf dem Festland können Sie eine einstündige Bootsfahrt auf dem Krian-Fluss unternehmen *(www.penang-vacations.com/fireflies.html)*. Spektakulär ist der Sonnenuntergang in der Flussmündung und nach Einbruch der Dunkelheit das Schauspiel der Glühwürmchen in den Mangrovenbäumen. *Fahrtzeit von Georgetown: ca. 50 Min.*

gigen Malaya ernannt. Während der vergangenen 50 Jahre haben sich mehrere Zentren herausgebildet: am kanalisierten Zusammenfluss von Gombak und Kelang, wo Zinnsucher 1857 die ersten Bretterbuden an der „schlammigen Flussmündung" *(Kuala Lumpur)* aufgestellt hatten, und auf der Geraden zwischen St. Mary's Church und dem ehemaligen Hauptbahnhof, an der um die Wende zum 20. Jh. Repräsentationsbauten

KUALA LUMPUR

der Briten entstanden. In Chinatown treffen sich die Leute in Kneipen und kleinen Geschäften, die von Singvögeln bis zu Kameraobjektiven alles verkaufen.

Auch Kuala Lumpur leidet unter zu vielen Autos und täglichen Staus, aber im Vergleich mit anderen Großstädten der Region ist das noch harmlos. Die Stadt hat erste Schritte für einen öffentlichen Nahverkehr unternommen. Es entsteht ein integriertes Bus- und Bahnsystem (www.kiat.net/malaysia/KL/transit.html oder www.putralrt.com.my) für das gesamte Klang Valley (bis Port Klang), dessen Zentrum der neue Hauptbahnhof Stesen Sentral (Tel. 03/27 86 80 80 | www.stesensentral.com) ist. Monorail, LRT (Light Rail Transit) und sehr unzuverlässige Busse bedienen den innerstädtischen Bedarf. Pendlerzüge und Busse verbinden die Nachbarstädte wie Klang, Seremban und Rawang. Das Auto bleibt mit Abstand Transportmittel Nr. 1, Fußgänger werden als Verkehrsteilnehmer noch immer kaum wahrgenommen.

■ SEHENSWERTES

CENTRAL MARKET (PASAR SENI) [U C4]

Am Klang River gelegen, wurde der Markt 1936 als *Wet Market* gebaut und kürzlich restauriert. Er bietet neben Souvenirs Kunsthandwerk aus allen Landesteilen und hat Auszeichnungen für sein architektonisches Design erhalten. Einige sehr empfehlenswerte Restaurants z. B. *Precious Old China (Tel. 03/20 72 59 15 | €)* oder *Ginger Restaurant (Tel. 03/22 73 73 71 | €)* und *foodstalls*. Auf einer Open-Air Bühne vor der Halle gibt es regelmäßig Kulturveranstaltungen. *Jalan Hang Tuah Kasturi | LRT-Station Pasar Seni*

CHINATOWN [U B-C4]

Obgleich funktionale Gebäude viele der alten Häuser ersetzt haben, gibt es noch einige Kleinode zu entdecken. Etwas versteckt liegt der *Sze Yeh Temple (Lebuh Pudu)*, um 1860 dem Schutzpatron der Pioniere gestiftet. Beim *Sri Mahamariamman Temple* (1873) beginnt am Thaipusamfest der Pilgerzug zu den Batu Caves. In der *Jalan Petaling* setzt abends geschäftiges Treiben auf dem *China Market* ein.

HISTORISCHES ZENTRUM [U B2-5]

Ganz in der Nähe des 1911 im maurischen Stil gebauten ehemaligen Hauptbahnhofs an der Jalan Sultan Hishamuddin befindet sich die *Staatsmoschee* (Masjid Negara) mit ihrem 75 m hohen Minarett. An der Jalan Raja steht das im maurischen Stil erbaute *Sultan Abdul Samad Building*, der frühere Sitz der Kolonialregierung. Am Wochenende wird das Gebäude von unzähligen Lichtern eingerahmt – eine Atmosphäre wie aus Tausendundeiner Nacht.

Hinter dem Gebäude steht die älteste Moschee der Stadt, die *Masjid Jamek*. Nach wenigen Schritten erreichen Sie *Little India*, das indische Viertel entlang der Jalan Tunku Abdul Rahman mit vielen Stoff- und Schmuckläden, Restaurants und Straßenverkäufern. Nah bei den Petronas Twin Towers liegt das *Kampung Baru (neues Dorf)*. Hier leben Malaien in einem Dorf inmitten der Stadt. Der Wochenmarkt *(pasar*

> www.marcopolo.de/malaysia

ESTEN DER HALBINSEL

minggu, Sa ab 18 Uhr bis spät in die Nacht) ist eine Attraktion.

Gegenüber dem Sultan Abdul Samad Building weht auf dem *Merdeka Square* die malaysische Flagge am höchsten Flaggenmast der Welt (95 m). Am 30. August, dem Vorabend des Nationalfeiertags, wird die zentrale Feier abwechselnd an unterschiedlichen Orten organisiert, in Kuala Lumpur am Merdeka Square. In unmittelbarer Nachbarschaft des Platzes steht die 1894 geweihte *St. Mary's Church*.

ISLAMIC ARTS MUSEUM ★ [U B–C4]
Hinter der Natinalmoschee gelegen, bietet das schöne Museum imposante islamische Architektur, eine sehr interessante Dauerausstellung zur islamischen Kultur und im Erdgeschoss Sonderausstellungen. *Tgl. 10–18 Uhr | Jalan Lembah Perdana | Eintritt RM 12 | www.iamm.org.my*

KUALA LUMPUR TOWER [U E2]
Insider Tipp

Der Fernsehturm, kurz KL-Tower genannt, ist 421 m hoch. Der Blick von der Aussichtsterrasse *(276 m | Eintritt RM 20)* über die Stadt ist bereits beeindruckend, noch schöner ist die Aussicht abends aus dem Drehrestaurant *Seri Angkasa (Reservierung obligatorisch: Tel. 03/21 45 18 33 | €€).* Der Turm liegt im *Bukit Nanas Forest Reserve*, einem der ältesten Waldreservate im Land. *Tgl. 9–22 Uhr | www.menarakl.com.my*

LAKE GARDENS
(TAMAN TASIK PERDANA) [U A3–5]
Am Rand des größten und ältesten Stadtparks entlang der Jalan Palimen liegen das *National Monument*, der

Shopping nach Feierabend à la Kuala Lumpur: Petaling Nachtmarkt in der Chinatown

KUALA LUMPUR

Orchid Garden mit über 800 verschiedenen Orchideenarten *(Eintritt werktags frei)*, das 2 ha große Wildgehege *Deer Park (Eintritt frei)*, der *Hibiscus Garden (Eintritt werktags frei)*, der *Butterfly Park* mit seinen über 6000 Schmetterlingen *(Eintritt RM 5)*, der *Bird Park (Eintritt RM 3)* und die *National Planetarium & Space Agency (Jalan Perdana | Tel. 03/22 73 54 84 | www.angkasa.gov. my/planetarium)*.

NATIONAL ART GALLERY [U B5]
In der Ausstellung sind über 2500 Kunstobjekte einheimischer und internationaler Künstler zu bewundern. Neben Wettbewerben werden Seminare und Workshops angeboten. *Tgl. 10–18 Uhr | Eintritt frei | Jalan Temerloh 2*

NATIONAL MUSEUM (MUZIUM NEGARA) [U A5]
Das Museum bietet eine schöne Sammlung zur malaysischen Geschichte und zur Kultur, Fauna und Flora des Landes. *Tgl. 9–18 Uhr | Eintritt RM 2 | Jalan Damansara | www.museum.gov.my*

NATIONAL SCIENCE CENTRE (PUSAT SAINS NEGARA) [0]
Viele Lehr- und Lernangebote zum Verständnis moderner Wissenschaften und Technologie. Laufende Ausstellungen. *Sa–Do 9–17 Uhr | Jalan Persiaran Bukit Kiara | Eintritt RM 6 | www.psn.gov.my*

PETRONAS TWIN TOWERS ⭐ ☼ [U F1]
Bis Oktober 2003 die höchsten Gebäude der Welt. Gute Aussicht von der *Skybridge* im 41. Stock. Pro Tag werden nur 1300 Tickets vergeben, beim Kauf müssen Sie anstehen. *Di–So ab 8.30 Uhr | www.petronastwin towers.com.my*

■ ESSEN & TRINKEN

CHOW KIT MARKET [U C1]
Nördlich der Jalan Tunku Abdul Rahman: In Kuala Lumpurs größtem Indoor-Markt finden sich viele empfehlenswerte *foodstalls*.

COLISEUM CAFE & HOTEL [U C2]
Ein Restaurant aus der Kolonialzeit in der Nähe des Merdeka Square und der Masjid India, heute noch bekannt für sein *sizzling steak*. *98–100 Jalan Tuanku Abdul Rahman | Tel. 03/26 92 62 70 | €€* **Inside Tipp**

TAMARIND SPRINGS [0]
Exquisites Ambiente, indochinesische Küche. *Jalan 1 Taman Tun Abdul Razak | Tel. 03/4256.9300 | €€*

CUNGDINH [0]
Vietnamesisches Restaurant. *63D-G, One Bangsar, Jalan Ara, Bangsar Baru | Tel. 03/22 83 50 88 | www.cungdinh.com | €–€€*

BASIL LEAF RESTAURANT [0]
Sehr schönes Ambiente, gute lokale Küche. *Mo–Sa 12–14.30 u. 18.30–24 | 35, Jalan Damai | Tel. 03/21 66 16 89 | www.basilleafrestaurants.com | €*

■ EINKAUFEN

Geschäfte und moderne Einkaufszentren konzentrieren sich an der *Jalan Tuanku Abdul Rahman* [U C1–2], der parallel verlaufenden *Jalan Masjid India* [U C2] und im Goldenen

> www.marcopolo.de/malaysia

Zwillinge mit dem Drang nach ganz oben: die Petronas Twin Towers

Dreieck an der *Jalan Bukit Bintang* [U F3–4], *Jalan Sultan Ismail* [U E–F 2–3] und *Jalan Ampang* [U D–E 1–2]. In Chinatown [U C–D4], an den Geschäftsstraßen *Jalan Petaling* und *Jalan Hang Lekir* ist jeden Abend Kleider- und Warenmarkt *(17–22 Uhr)*. Im malaiischen Stadtteil *Kampung Bahru* [0] ist der *Pasar Minggu* ein Erlebnis *(Sa 18–23 Uhr | Jalan Raja Muda)*. Die *Jalan Kia Peng* [U F2] ist eine trendig noble Wohngegend mit Galerien, Boutiquen, Restaurants und Nachtclubs.

ÜBERNACHTEN

CARCOSA SERI NEGARA [0]
Das 5-Sterne-Deluxe Boutiquehotel mit persönlichen Butlern und traditionellem 5-Uhr-Tee war während der Kolonialzeit Residenz der britischen Gouverneure. *13 Suiten | Taman Tasik Perdana | Persiaran Mahameru (westlich der Lake Gardens) | Tel. 03/22 95 08 88 | Fax 22 82 78 88 | www.ghmhotels.com | €€€*

HOTEL MALAYA [U C4]
Gutes Mittelklassehotel, in unmittelbarer Nachbarschaft der Petaling Street und von Chinatown gelegen. *238 Zi. | Jalan Hang Lekir | Tel. 03/20 72 77 22 | Fax 03/20 70 09 80 www.hotelmalaya.com.my | €€–€€€*

NUMBER EIGHT GUESTHOUSE [U E3] *Insider Tipp*
Das günstige, sehr stylische Gästehaus liegt im Bereich Bukit Bintang. Gute Restaurants und ein täglicher Nachtmarkt finden sich in der Nachbarschaft. *18 Zi. | 8–10 Tengkat Tong Shin | Tel. 03/21 44 20 50 | Fax 21 44 42 50 | www.numbereight.com.my | €*

THE ROYALE BINTANG KUALA LUMPUR [U E2]
Luxuriöses Hotel mit Pool im 3. Stock in sehr zentraler Lage im Goldenen Dreieck. *162 Zi. | Jalan Bukit Bintang | Tel. 03/21 43 98 98 | Fax 21 42 18 07 | www.royale-bintang-hotel.com.my | €€€*

KUALA LUMPUR

■ FREIZEIT & SPORT

Es gibt zahlreiche Golfplätze in und um Kuala Lumpur, etwa *Saujana Golf and Country Club* [0] *(Tel. 03/78 46 14 66 | http://saujana.com.my)* in Kelana Jaya oder *The Royal Selangor Golf Club* [0] *(Tel. 03/92 06 33 33 | www.rsgc.com.my)*. Auf dem Formel-1-Circuit in Sepang gibt es eine 1247 m lange Strecke für Go-Carting *(Sepang International Kart Circuit | Tel. 03/85 26 20 91 | RM 35 für 10 Minuten | http://malaysiangp.com.my)*. Badminton können Sie in zahlreichen Courts spielen *(Badminton Association of Malaysia | www.bam.org.my)*.

■ AM ABEND

Für Nachtschwärmer ist die Gegend um die *Jalan Telawi* [0] im Stadtteil *Bangsar (www.onebangsar.com)* wegen ihrer Diskos und guten Restaurants interessant. Das Gleiche gilt für einen Teil von *Sri Hartamas* [0], nur dass die Preise hier im Durchschnitt etwas niedriger sind und die Atmosphäre insgesamt etwas ruhiger ist *(www.srihartamas.com)*. Die *Heritage Row* [U C1] in der Jalan Doraisamy ist der jüngste Nightspot für Partygänger. Hier wurden alte chinesische *shop houses* einmal nicht abgerissen, sondern einer neuen Nutzung zugeführt: Jetzt gibt es hier eine Reihe hervorragender Restaurants, Bars und Clubs mit Live-Acts *(www.asianheritagerow.com)*.

ALEXIS BISTRO ▶▶ 🔊 [0]
In diesem Jazzclub versammeln sich alle, die gute Live-Acts zu schätzen wissen. *Great Eastern Mall | 303, Jalan Ampang | Tel. 03/42 60 22 88*

BARS UND DISKOTHEKEN

Eine der größten Diskos, die immer gut besucht ist, ist der *Zouk Club* [U E1] *(113, Jalan Ampang | www.zoukclub.com.my)*, nach wie vor beliebt ist auch das *Hard Rock Cafe* [U E2] *(Ground Floor, Wisma Concorde | Jalan Sultan Ismail | www.harrock.com.my)*. Im 🔊 *Telawi Street Bistro* [0] *(1–3, Jalan Telawi | Bangsar Baru | www.telawi.com.my)* ist nicht nur die Küche gut, hier lässt sich auch prima tanzen. In der *Reggae Bar* [U C4] *(158, Jalan Tun HS Lee, neben der Petaling Street)* treffen sich die Backpacker bei Rock und Reggae. Im ❋ *Luna Bar & Restaurant* [U E2] *(Menara PanGlobal | Jalan Punchak | Tel. 03/23 32 77 77 | www.pacific-regency.com)* im 34. Stock der Pacific Regency Hotel Suites genießen Sie bei italienischer und internationaler Küche die fantastische Aussicht über Kuala Lumpur – allerdings sollten Sie auf jeden Fall vorher entsprechende Plätze reservieren. Ebenfalls ein perfekter Hang-out mit tollem Blick über die Stadt ist die ❋ *Sky Bar* [U F2] *(Tel. 03/23 32 98 88 | www.shangri-la.com)* im 33. Stock des Traders Hotel.

NO BLACK TIE JAZZ CLUB ▶▶ [U E3]
Treffpunkt der Jazzszene, mit Restaurant. *17, Jalan Mesui | Tel. 03/21 42 37 37*

PETRONAS KONZERTHALLE (DEWAN FILHARMONIK PETRONAS) [U F1]
Die Konzerthalle liegt direkt unter den Twin Towers. Hier finden klassische und Jazzkonzerte mit internationaler Starbesetzung statt. *www.malaysianphilharmonic.com*

> *www.marcopolo.de/malaysia*

ESTEN DER HALBINSEL

SUTRA DANCE THEATRE [O]
Erstklassigen klassischen indischen Tanz erleben Sie hier in der traumhaften Atmosphäre eines Amphitheaters, dazu gibt es Ausstellungen. Veranstaltungskalender beachten. *12 Persiaran Titiwangsa 3 | Tel. 03/40 21 10 92 | www.sutradance theatre.com*

TANGO ARGENTINO ▶▶
Kuala Lumpur tanzt Tango – und zwar immer mittwochs ab 20.30 Uhr im *Little Havanna Club* [U E3] *(2 & 4, Lorong Sahabat | www.mylittlehavanakl.com)* und sonntags ab 20.30 Uhr im französischen Restaurant *Frangipani* [U E3] *(25, Cangkat Bukit Bintang | Tel. 03/21 44 30 01 | www.frangipani.com.my).* *Infos unter Tel. 01/23 15 10 08 | www.tangomalaysia.com*

■ AUSKUNFT ■
TOURISM MALAYSIA
Im Stresen Sentral (Hauptbahnhof, Ankunftshalle) | Tel. 03/27 73 88 88

MATIC (MALAYSIAN TOURIST INFORMATION COMPLEX)
109, Jalan Ampang | Tel. 03/92 35 48 00 | www.mtc.gov.my

■ ZIELE IN DER UMGEBUNG ■
BATU CAVES [116 C4]
Mächtige Kalksteinhöhlen etwa 12 km nördlich Kuala Lumpurs. Der Höhlenkomplex ist einer der wichtigsten Wallfahrtsorte für Hindus. Alljährlich treffen sich über eine Million vor und in den Höhlen zum *Thaipusamfestival (Ende Jan./Anfang Feb.).* Die im März 2008 neu eröffnete *Cave Villa* ist die jüngste Attraktion, zu der in der Outdoor Gal-

Farbenfrohes Riesenfest: das hinduistische Thaipusamfestival bei den Batu Caves

KUALA LUMPUR

lery eine 10,4 m lange *veenai* (ein klassisches indisches Instrument) gehört.

CAMERON HIGHLANDS ⭐ [116 B3–4]
Wie grüne Teppiche überziehen Teeplantagen die Hügellandschaft knapp 200 km nördlich von Kuala Lumpur. Am frühen Morgen sitzen Nebelschwaden in den Bergtälern und nachmittags entladen sich oft Regenwolken am *Gunung Brinchang* (2041 m). Das Thermometer steigt nie über 24 Grad. Die Hotels organisieren Ausflüge zu Teefabriken *(nur werktags)*, Rosen-, Gemüse-, und Schmetterlingsgärten. *Tanah Rata* und das 3,5 km entfernte *Brinchang* sind die Hauptorte. Idyllisch liegt das einfache *Bala's Holiday Chalet (25 Zi. | Lot 55 | Tanah Rata | Tel. 05/491 16 60 | Fax 491 45 00 | www.balaschalet.com | €€)*. Zimmer mit Balkon, auch Apartments, hat die *Country Lodge (73 Zi. | Lot 47 | Brinchang | Tel. 05/491 18 11 | Fax 491 13 96 | €€)*. Westlich dinieren Sie im populären *T-Café (Jalan Besar 4 | Tanah Rata | Tel. 019/572 28 83 | www.t-cafe.biz | €€)*. Direktbusse von der *Pudu Raya Station* in Kuala Lumpur brauchen 4, von Penang 5 Stunden.

FRASER'S HILL (BUKIT FRASER) ❄ [116 C4]
Als der Schotte Louis James Fraser wegen Opiumhandels und des Betreibens einer Spielhölle 1916 von den Behörden gesucht wurde, verlor sich seine Spur 100 km nördlich von Kuala Lumpur. Die Berglandschaft erhielt daraufhin seinen Namen, wurde zu einer populären *hillstation* auf 1524 m. Das frische Klima lockt zum Wandern – so zum 5 km von der Ortschaft entfernten *Jeriau-Wasserfall*. Man kann golfen, und es gibt ein Sportzentrum. Im *Ye Olde Smokehouse* wird Nostalgie zelebriert *(13 Zi. | Tel. 09/362 22 26 | Fax 362 20 35 | www.thesmokehouse.com.my | €€€)*. Von der *Pudu Raya Station* in Kuala Lumpur fahren Busse und Sammeltaxis bis *Kuala Kubu Baharu;* auf der Einbahnstraße weiter zum Gipfel verkehren Busse und Taxis im Stundentakt.

> ## HILLSTATIONS
> *Auszeit in der erfrischenden Bergwelt*

Seit der britischen Kolonialzeit bieten die Bergregionen Genting Highlands, Fraser's Hill, Cameron Highlands und Maxwell Hill, nördlich von Kuala Lumpur, ein Kontrastprogramm zur Hitze der Westküste. Man rekelt sich im feuchtkühlen Klima vor dem Kaminfeuer, nascht englisches Gebäck oder frische Erdbeeren. An sonnigen Tagen locken Wanderungen durch die üppige Vegetation zu Wasserfällen und Aussichtspunkten. Man kann reiten, golfen und Teeplantagen besuchen. Zwischen kolonialen Landhäusern werden emsig Apartmenthäuser und Hotels für die malaysische Mittelschicht gebaut. An Feiertagen sind die Hotels ausgebucht, obwohl die Preise sich dann verdoppeln können. Von Juli bis Dezember ist es regnerisch, neblig und kühl.

ESTEN DER HALBINSEL

GENTING HIGHLANDS [116 C4]

Ein kurioses Vergnügungszentrum, 54 km nordöstlich von Kuala Lumpur. In den Wolkenkratzern auf 1700 m Höhe sind Spielkasinos, Nachtclubs, Hotels und Restaurants untergebracht. Dazu: eine Fülle von Sportmöglichkeiten und Vergnügungsparks. Busse fahren ab Kuala Lumpur alle 30 Min. Auskunft: *Tel. 03/27 18 i1 18 | www.genting.com.my*

1493 m hohe *Gunung Nuang* zu besteigen. Dafür benötigen Sie eine Erlaubnis des *Wildlife Departments (www.wildlife.gov.my)*. Bei den Dorfbewohnern finden Sie Hilfe und einen Führer zum Berggipfel *(ca. 8 – 9 Stunden)* oder zum *Lepok-Wasserfall (ca. 1,5 Std. meist bergauf)*.

Fluchtpunkt Kühle: Teefelder in den Cameron Highlands 200 km nördlich von Kuala Lumpur

Insider Tipp

KAMPUNG PANGSUN [116 C4]

In der Gegend um das Dorf des Temuan-Stammes – rund 45 Minuten Fahrt nordwestlich von Kuala Lumpur – finden Sie Ruhe, Natur und kristallklares Wasser. Außerdem können Sie sich aufmachen, den

KUALA GANDAH ELEPHANT ORPHANAGE SANCTUARY ★ [116 C4]

Nach etwa einer Stunde Fahrt erreichen Sie das Zentrum, das sich dem Schutz und Erhalt der malaysischen Elefanten verschrieben hat. Besucher können beim Füttern und Baden der jungen Elefanten helfen. Touren organisiert u. a. *Leisure Incentive & Tours Sdn Bhd (Tel. 03/20 7086 67 | www.impressions.com.my)*. *Tgl. 9–18*

MELAKA

Uhr | Jalan Damansara | Eintritt RM 2 | www.myelephants.org

MELAKA

[116 C5] In der Altstadt zeigt sich die glorreiche Vergangenheit der ältesten Stadt Malaysias. Um 1400 gegründet und nacheinander von Portugiesen, Holländern und Briten erobert, lebt die Hauptstadt (120000 Ew.) des gleichnamigen kleinen Bundesstaates heute vom Handel mit Landwirtschaftsprodukten, vom Tourismus, von Elektro- und Textilindustrie.

Die Altstadt ist klein im Verhältnis zu den neuen Stadtbezirken: Zwischen der *Jalan Munshi Abdullah* und dem Melaka-Fluss konzentriert sich das hektische Geschäftsleben. Kleinstädtisch-gemütlich geht es im *Taman Melaka Raya* zu, einem Wohngebiet südöstlich vom Zentrum mit Restaurants, Nachtlokalen, Pensionen und Geschäften. Im *Medan Portugis*, 3 km vom Zentrum, rückten Nachkömmlinge aus malaiisch-europäischen Mischehen zu einer kleinen Enklave zusammen. Christão, ein Dialekt aus dem 16. Jh., wird noch von einigen portugiesischen Abkömmlingen gesprochen. Von der frühen Anwesenheit der Chinesen zeugt *Bukit China*, ein Hügel am Stadtrand, der mit verwitterten chinesischen Gräbern aus der Zeit von 1360 bis 1644 übersät ist. Kuala Lumpur (144 km) ist in 3 Stunden erreichbar. Flugverbindungen gibt es nach Ipoh und Singapur.

■ SEHENSWERTES

Englisch sprechende *Trishaw*-Fahrer bieten Stadtbesichtigungen mit ihren Fahrradrikschas an (Preis aushandeln). An der Anlegestelle am Melaka-Fluss hinter dem Touristbüro können Sie eine 45-minütige Bootsrundfahrt buchen, die an den Fischmärkten vorbei zum *Kampung Morton* mit der *Villa Sentosa* führt. Wenn Sie die Stadt zu Fuß erkunden wollen, dann folgen Sie dem beschilder-

Fehlen nur noch die Tulpen: Melakas historisches Zentrum mit Stadthuys

ESTEN DER HALBINSEL

ten *Heritage Trail* entlang den historischen Sehenswürdigkeiten.

BABA NYONYA HERITAGE MUSEUM

Viele Familien chinesisch-malaiischer Herkunft brachten es in Melaka zu Reichtum. Das 1896 ausgebaute Elternhaus der Familie Chang Heng Siew ist in Chinatown öffentlich zugänglich. *Mi–Mo 10–12.30 u. 14–16.30 Uhr | Jalan Tun Tan Cheng Lock 48–50 | Eintritt RM 8*

CHINATOWN

Vom *Dutch Square* führt eine kleine Brücke ins chinesische Viertel mit den typischen *shop houses*. An der *Jalan Tokong* liegen der hinduistische Tempel *Sri Poyyatha Vinayagar Moorthi* von 1781 und die *Kampung Kling-Moschee* mit einem ungewöhnlich pagodenartigen Minarett, ebenfalls aus dem 18. Jh. *(Ecke Jalan Lekiu)*.

Am Ende der *Jalan Tokong* entzünden Taoisten und Konfuzianer Räucherstäbchen im reich verzierten, 1704 geweihten *Cheng Hoon Teng Temple*. Gegenüber steht der *Siang Lin Temple*. Die Buddhastatue im zweiten Stock wurde aus weißem Carrara-Marmor gefertigt.

HISTORICAL MUSEUM

Die Ausstellung im Stadhuys zeigt Gegenstände der wechselnden Herren Melakas. Im zweiten Stock illustriert eine Gemälde- und Fotosammlung die reiche Stadtgeschichte. *Di–So 9–18 Uhr | Dutch Square | Eintritt RM 2 | www.virtualmuseummelaka.com*

HISTORISCHES ZENTRUM

Im früheren Verwaltungsviertel der Holländer (1641–1795) sind sämtliche Gebäude an der *Jalan Laksamana* und um den *Dutch Square* lachs- bis rostrot gestrichen. Auf diesem Platz befindet sich das markante *Stadhuys* (1641–1660), das angeblich älteste holländische Gebäude im Osten. Hier sind das historische, das geografische und das Literaturmuseum Melakas untergebracht. Am Rand des Platzes steht die 1753 gebaute *Christ Church*. Hinter dem Stadhuys erhebt sich der *St. Pauls-Hügel*. Fußwege mit Aussicht aufs Meer führen hoch zur Statue des hl. Franz Xavier und den Ruinen der 1521 von den Portugiesen erbauten *St.-Pauls-Kapelle*. Auf der Rückseite geht es hinunter zur *Porta de Santiago* – einziges Überbleibsel des portugiesischen Forts *A Famosa* von 1512. Den Kampf um die Unabhängigkeit dokumentiert die Ausstellung im *Memorial Building (Sa–Do 9–18 Uhr, Fr 15–18 Uhr | Eintritt frei)*.

MUZIUM BUDAYA

Nur ein paar Schritte von der Porta de Santiago wurde der 1460 abgebrannte Sultanspalast rekonstruiert. Gegenstände und Dioramen zu Kultur und Geschichte sind zu sehen. Der Garten davor ist nach islamischem Vorbild gestaltet. *Mi–Mo 9–17.30 Uhr | Jalan Kota | Eintritt RM 2*

SAMUDERA MARITIME MUSEUM

Am Melaka-Fluss, südlich des *Dutch Square*, kann man an Bord des nachgebauten portugiesischen Segelschiffes „Flora de la Mar" steigen. Die Eintrittskarte ist auch für das Marinemuseum auf der gegenüberliegenden Straßenseite gültig. *Mi–Mo 9–18 Uhr | Jalan Laksamana | Eintritt RM 2*

MELAKA

Exotisch: chinesische Mitbringsel

Insider Tipp VILLA SENTOSA
Hajjah Embok Mah, die Dame des wegen seiner Architektur und der antiken Einrichtung interessanten Hauses, zeigt Besuchern ihr seit Generationen in Familienbesitz befindliches Heim. *Sa–Do 9–13 u. 14–17 Uhr, Fr 14.45–17 Uhr | Kampung Morten | Tel. 06/282 39 88 | www.travel.to/villa sentosa*

■ ESSEN & TRINKEN ■

Einige Spezialitäten sollten Sie auf jeden Fall probieren, wenn Sie in einem der vielen Restaurants essen: die *Nyonya*-Küche, insbesondere *cendol*, ein Dessert aus Kokosmilch und grünen Nudeln, und natürlich *gula malacca* (Malacca-Zucker), grüne mit Palmzucker gefüllte Kugeln.

GLUTTON'S CORNER
Bevor das Meer aufgeschüttet wurde, lag die Essmeile südlich des holländischen Viertels an der Strandpromenade. Die Open-Air-Lokale sind nach wie vor beliebt. Es duften Satay-Spießchen auf Kohlengrills, indische Currys und frische Meeresfrüchte. *Tgl. 12–22 Uhr | Jalan Merdeka |* €

JONKERS MELAKA Insider Tipp
Der Innenhof der historischen Villa in Chinatown wurde zu einem reizenden Restaurant. Die Speisekarte bietet auch vegetarische Gerichte und Kuchen. *Tgl. 12–17 Uhr | 17, Jalan Hang Jebat |* €

OLE SAYANG
Eines von zahlreichen Restaurants im jüngsten Stadtteil – wie die anderen klimatisiert und etwas nüchtern eingerichtet. Eine Spezialität ist hier die *Nyonya*-Küche, die Chinesisches und Malaiisches zu einem eigenen Stil mischt. *Mi geschl. | Taman Melaka Raya 199 | Tel. 06/283 19 66 |* €

■ EINKAUFEN ■

Malaya House (Jalan Tun Tan Cheng Lock 70 | Tel. 06/281 47 70) verkauft etwas teure Antiquitäten und Replikate, bietet dafür aber viel Atmosphäre. Günstige Kleidung gibt es im *Ekspo Malaya* nahe dem Fluss *(Jalan Kee Ann)*. Wer Kunst und Souvenirs erstehen möchte, besucht die Shops an der *Jalan Laksamana* gegenüber der Christ Church.

In einem der vielen Antiquitäten- und Trödelläden der *Jalan Hang Jebat* sehen Sie sicher etwas Interessantes. Hier findet am Wochenende bis spätabends ein Straßenmarkt statt.

ESTEN DER HALBINSEL

Die *Mahkota Parade Shopping Mall*, Melakas größtes Einkaufszentrum, finden Sie in der *Jalan Merdeka*.

■ ÜBERNACHTEN

BENTONA HOTEL
Einfaches Hotel in der Nähe der Altstadt. *174, Jalan Laksamana Cheng Ho | Tel. 06/284 33 33 |* €

HOTEL EQUATORIAL MELAKA
Von diesem 5-Sterne-Hotel aus haben Sie kurze Wege zu den Sehenswürdigkeiten. *496 Zi. | Bandar Hilir | Tel. 06/282 83 33 | Fax 282 93 33 | www.equatorial.com/mel |* €€€

HOTEL PURI
(Insider Tipp) Die wundervoll restaurierte, ehemalige Familienresidenz bietet ihren Gästen jeglichen Zimmerkomfort. Mehrere Suiten, Restaurant und Café. *48 Zi., 2 Suiten | Jalan Tun Tan Cheng Lock 118 | Tel. 06/282 55 88 | Fax 281 55 88 | www.hotelpuri.com |* €€

SERI TANJUNG TOURS & HOMESTAY
Auch in Melaka möglich und eine schöne Alternative zum Hotel: der *(Insider Tipp)* Gastfamilienaufenthalt. *4926, Tingkat 1 Bangunan Mara | Jalan Besar, Masjid Tanah | Reservierungen unter Tel. 06/384 58 53 od. 06/385 23 30 | Fax. 385 23 30 | www.seritanjung tours-homestay.com.my*

■ FREIZEIT & SPORT

In Melakas näherer Umgebung finden sich gleich mehrere Golfplätze: *Ayer Keroh Country Club, Tiara Golf & Country Club, Orna Golf Club*. In Ayer Keroh gibt es seit August 2008 eine 1,6 km lange Gokartbahn, sie ist die größte in Asien.

■ AM ABEND

Die Geschichte Melakas wird von der *Sound & Light Show* nahe der *Porta de Santiago* illustriert *(in englischer Sprache | tgl. 20.30–21.15 Uhr | Padang | Eintritt RM 10)*. Entlang der *Jalan Taman Melaka Raya* liegen mehrere Pubs und Karaokebars, der oberste Stock des Einkaufszentrums *Mahkota Parade* beherbergt eine Diskothek. Eine weitere Disko gibt es im Hotel *Renaissance (Jalan Bendahara)*.

■ AUSKUNFT

TOURIST OFFICE
Jalan Kota, gegenüber der Christ Church | Tel. 06/281 48 03 | www.melaka.gov.my

■ ZIELE IN DER UMGEBUNG

AYER KEROH
RECREATIONAL ZONE [116 C5]
Mini-Malaysia zeigt in Originalgröße je ein traditionelles Haus aus den 13 Bundesstaaten sowie altes Kunsthandwerk und Folklore; angeschlossen ist das *ASEAN Cultural Village* mit typischen Häusern aus den Ländern Singapur, Brunei, Indonesien, Philippinen und Thailand *(Eintritt für beide RM 4)*.

In dem Naherholungsgebiet 15 km nördlich der Stadt gibt es außerdem den *Melaka Zoo (Eintritt RM 4)* u. a. mit Affen, Tapiren, Nashornvögeln und Bären, eine *Krokodilfarm (Eintritt RM 5)*, eine *Schmetterlingsfarm (Eintritt RM 4)* und das *Orang Asli-Museum*, das über das Leben der Urbevölkerung Westmalaysias informiert *(Eintritt RM 1)*. Auf dem *Ayer Keroh-See* kann man Boot fahren; durch den *Recreational Forest* führen

PULAU LANGKAWI

Lehrpfade, Spazier- und Radwege. Das Erholungsgebiet ist mit öffentlichen Bussen oder dem *Tourist Shuttle (tgl. 9.30–17.30 Uhr | jede Stunde ab Dutch Square | RM 5)* erreichbar. *Alle Attraktionen: tgl. 9–18 Uhr*

Insider Tipp DESA PAKU HOUSE & GARDEN [116 C5]
Ein kleines Paradies auf einer ehemaligen Kautschukplantage: Mushlim Musa, der Besitzer, züchtet alle Arten von Helikonien, Zierpflanzen mit exotischen Blüten. Sie können den parkartigen Garten genießen, in einem Chalet oder im Haupthaus übernachten *(€€€)* oder sich die Bauweise eines Malaienhauses zeigen lassen. Außerdem gibt es gute lokale Küche *(€€–€€€)*. *Lot 317 | Kampung Paku Kelemak | Alor Gajah | Tel. 06/556 26 39*

PULAU LANGKAWI

[116 A1] **Langkawi, die größte der 99 zum Bundesstaat Kedah gehörenden Inselgruppe in der Straße von Malakka, liegt etwa 30 km westlich der malaysischen Küste und dicht vor der thailändischen Grenze.** Die 65 000 Einwohner der Insel leben entweder vom Tourismus, sind Reisbauern oder Fischer. Zwischen Penang im Süden und der thailändischen Insel Phuket gelegen, war die Insel über die Jahrhunderte verschiedenen kulturellen Einflüssen ausgesetzt, was die Freundlichkeit ihrer Bewohner im Umgang mit Fremden erklären mag. Große Teile der Hauptinsel sind noch von tropischem Regenwald bedeckt und die Menschen sind sich ihrer Naturschätze bewusst, achten und pflegen sie und können das gut vereinbaren mit dem anhaltenden Tourismusboom. In Zusammenarbeit mit der Unesco wurden weite Teile der Insel als Geopark ausgewiesen *(www.langkawi-online.com/pages/geopark.php)*.

Wenn Sie durch die Reisfelder fahren, sehen Sie die mächtigen urtümlichen Gestalten der Wasserbüffel, in den Mangroven können Sie Seeadler beobachten und, wenn sie Glück haben, einen der prächtigen Nashornvögel. Die kleine Insel, die in einem halben Tag umfahren ist, bietet unendlich viele Aktivitäten: Dschungel- und Höhlenwanderungen, Segeln, Tauchen, Batikmalerei, Golf, Reiten, Gokart fahren oder der Besuch eines Spa, verbunden mit einer entspannenden Massage Malay-Style. *www.langkawi-info.com*

Hochsaison ist Januar bis April. Flugverbindungen gibt es direkt von Kuala Lumpur, tägliche Fährverbindungen bestehen zwischen Georgetown, Kuala Perlis/Kuala Kedah und dem Hauptort Kuah.

■ SEHENSWERTES
GUNUNG RAYA
Die Aussicht von der Spitze des von Regenwald bewachsenen Bergs (881 m) im Zentrum der Insel bis Thailand ist spektakulär.

KUAH
Langkawis Hauptort hat nicht viel zu bieten: einige moderne Geschäfte, den wegen Renovierung geschlossenen Themenpark *Lagenda Langkawi Dalam Taman* mit folkloristischen Skulpturen. Sehenswert ist nahe dem Ortszentrum die *Al Hana-Moschee*.

ESTEN DER HALBINSEL

LANGKAWI CABLE CAR
Vom *Oriental Village* aus im Nordwesten der Insel können Sie hoch hinaus, und zwar mit dem Cable Car auf den zweithöchsten Berg der Insel, den *Mat Cincang* (708 m). *Tgl. 10–19 Uhr | RM 25 | www.langkawi-cable-car.com*

im Verlauf seiner 22jährigen Regierungszeit erhalten hat. *Di–Sa 10–17 Uhr | Kilim | Eintritt RM 3*

TELAGA TUJUH
Ein sehenswerter Wasserfall, der auch zum Baden einlädt. Das Wasser fließt über mehrere Stufen 91 m tief

Chrakteristisch auf Langkawi: die Begegnung mit einem Wasserbüffel

IBRAHIM HUSSEIN MUSEUM
In der Nähe der Küste und umgeben von tropischem Regenwald zeigt das sehenswerte Museum Bilder eines der bekanntesten Künstler des Landes. *Tgl. 9–18 Uhr | Pasir Tengkorak | Eintritt RM 12 | www.ihmcf.org*

PERDANA GALLERY
Die Galerie beherbergt einen Großteil der Geschenke und Auszeichnungen, die der 2003 zurückgetretene Premierminister Mahathir Mohamed

hinab, und man kann über sie hinunterrutschen. Vom *Pantai Kok* aus ist der Wasserfall über einen 3 km langen Wanderweg zu erreichen.

UNDERWATER WORLD
Ein riesiges Aquarium, gefüllt mit 80 000 l Meerwasser, umschließt einen 15 m langen Tunnel, durch den die Besucher im Trockenen in die faszinierende Welt des Meeres spazieren. Dabei begegnen sie großen Meeresbewohnern wie Hai und Ro-

PULAU LANGKAWI

chen. *Tgl. 10–18 Uhr | Pantai Cenang | Eintritt RM 38 | www.underwaterworldlangkawi.com.my*

■ ESSEN & TRINKEN

Gegenüber der neuen Marina im Telaga Harbour, etwa 30 Minuten in westlicher Richtung von Kuah, gibt es eine Reihe neuer Restaurants direkt am Wasser. *www.telagaharbour.com*

Insider Tipp: BON TON RESTAURANT AND RESORT

Zwischen Kokospalmen errichtet, bietet das Restaurant nicht nur beste lokale und internationale Küche, sondern auch einen faszinierenden Blick über die Reisfelder (nicht nur) bei Sonnenuntergang. *Pantai Cenang | Tel. 04/955 67 87 | www.bontonresort.com | €€*

ORKID RIA SEAFOOD

Reiche Auswahl an Meeresfrüchten. *Lot 1225 | Pantai Cenang | Tel. 04/955 41 28 | €€*

TULSI GARDEN

Ausgezeichnete indische Küche. *Nr. 6 Lot 2863, Jalan Teluk Baru | Pantai Tengah | Tel. 04/955 30 11 | €*

CASA DEL MAR

Edles Restaurant des gleichnamigen Resorts. Internationale Küche. *Mukim Kedawang | Pantai Cenang | Tel. 04/955 23 88 | www.casadelmar-langkawi.com | €€*

■ EINKAUFEN

ATMA ALAM BATIK ART VILLAGE

In diesem Dorf können Sie die Herstellung von Batikstoffen anschauen und eigene Entwürfe vorschlagen. *Tgl. 9–18 Uhr | Padang Matsirat*

DUTY-FREE-LÄDEN

Auf Langkawi können Sie in den diversen Duty-Free-Läden, z. B. neben der Underwater World, zollfrei einkaufen. Vor allem alkoholische Getränke sind relativ billig.

LANGKAWI CRYSTAAL

Schauen Sie den Glasbläsern bei der Arbeit zu. *Tgl. 10–17 Uhr | Jalan Kisap, ca. 5 km nördlich von Kuah*

NACHTMÄRKTE

Einer der besten der zahlreichen Nachtmärkte findet sonntagabends zwischen 17 und 20 Uhr in *Padang Matsirat* statt. Wenigstens einmal sollten Sie sich auf einem der Märkte ein Abendessen gönnen!

ORIENTAL VILLAGE

Nördlich vom Strand Pantai Kok verkaufen die Läden und Boutiquen in dem neuen Einkaufskomplex Designermode und Handarbeiten. Ein in etwa gleiches Warenangebot gibt es im *Craft Cultural Complex* in *Teluk Yu* an der Nordküste.

■ ÜBERNACHTEN

BERJAYA LANGKAWI BEACH RESORT

Die schönen Bungalows am Meer stehen in einer idyllischen, abgelegenen Bucht. *350 Zi. | Teluk Burau | Tel. 04/959 18 88 | Fax 959 18 86 | www.berjayaresorts.com | €€€*

PELANGI BEACH RESORT

Luxusresort im malaiischen Baustil mit 331 komfortablen Zimmern, Restaurant, Wassersportmöglichkeiten, Boutiquen. *Jalan Pantai Cenang | Tel. 04/952 88 88 | Fax 952 88 99 | www.pelangibeachresort.com | €€€*

> *www.marcopolo.de/malaysia*

ESTEN DER HALBINSEL

Der beliebte Strand Pantai Tengah im Süden von Pulau Langkawi

SUNSET BEACH RESORT
Geschmackvoll eingerichtete malaysische Chalets inmitten eines tropischen Gartens. *Pantai Tengah | Tel./Fax 04/955 17 51 | www.sunsetbeachresort.com.my | €€*

FREIZEIT & SPORT

An den Hauptstränden und in Kuah können Sie Fahrräder, Motorräder und Jeeps mieten *(z. B. Larsco Berhad | Tel. 04/966 35 21)*. Insel-, Dschungel-, Trekking- und Mangroventouren organisiert *Jungle Walla Tours (Tel. 012/487 06 00 | www.junglewalla.com)*. Mit *Stardust Yacht Cruise (ab RM 320/Tag | Tel. 012/405 06 49 | www.langkawi-sailing.com)* kreuzen Sie mit einem Segelschiff durch die Inselwelt Langkawis.

AM ABEND

Außerhalb der großen Resorts spielt sich das Nachtleben in einer der vielen Bars z. B. am *Cenang Beach* ab. Ein besonderer Trip ist die Fahrt zum *Andaman Hotel* im Norden: Spazieren Sie von dort zum *Datai Hotel* und genießen Sie einen Sundowner. Auf halbem Weg zurück bietet sich ein Dinner im *Gulai House (Tel. 04/959 25 00)* an, einem vom Dschungel umgebenen Malay-Style-Haus.

AUSKUNFT

TOURIST INFORMATION CENTER LANGKAWI
Jalan Persiaran Putra | Kuah | Tel. 04/966 77 89

Eine sehr umfassende informative Webseite über Restaurants, Nightspots und Unternehmungen auf der Insel findet sich unter *www.bontonresort.com.my/theguide.html.*

ZIEL IN DER UMGEBUNG

Auf dem Festland, etwa 30 km nördlich von Kangsar, der Hauptstadt von Perlis, befinden sich die *Höhlen von Gua Kelam (Infos: Perlis Forestry Office, Tel. 04/938 44 66)*. *Padang Besar* an der Grenze zu Thailand ist ein Paradies für Schnäppchenjäger. Auf dem Markt und in den Geschäften bieten sowohl Thais als auch Malaysier ihre Waren an.

> IM LAND DER MALAIEN

Gastfreundschaft wird großgeschrieben – und das Leben folgt einem gemächlicheren Rhythmus

> **Obwohl der Islam Staatsreligion Malaysias ist, dominiert er nur an der Ostküste mit ihrer hohen malaiischen Bevölkerungsdichte.**

Der nördlichste Staat Kelantan wird von der Islamischen Partei regiert, deren Versuch, das islamische Strafrecht einzuführen, bislang nur an der Bundesregierung scheiterte. Die Menschen an der Ostküste sind jedoch besonders gastfreundlich und herzlich, vor allem in den vielen kleinen ★ Dörfern *(kampungs)* mit den hübschen Holzhäusern. Hier fahren die Malaien seit Generationen als Fischer zur See und pflanzen im Hinterland Reis und Tabak.

Der Staat Terengganu, südlich von Kelantan, ist in den letzten Jahrzehnten durch Erdöl reich geworden. Ganz im Süden führt von Johor Bharu eine Brücke zum Inselstaat Singapur. Während der Regenzeit *(Nov.–Feb.)* sollte man die Ostküste

Bild: Salang Beach auf der Insel Tioman

OSTEN DER HALBINSEL

meiden. Freitag ist der moslemische Sonntag, Ämter und viele Geschäfte sind geschlossen.

KOTA BHARU

[116 C2] Silberschmiede, Brokatweberinnen, Seidenmaler, Batikdrucker und Drachenbauer – in Kota Bharu ist traditionelles Kunsthandwerk stark vertreten. Das historische Zentrum der gemächlichen Hauptstadt Kelantans (425 000 Ew.), mit chinesischen *shop houses* und einer neuen Fußgängerzone an der *Jalan Padang Garong*, dehnt sich zwischen dem Staatsmuseum *(Muzium Negeri)* und dem Zentralmarkt *(Pasar Besar)* entlang dem Kelantan-Fluss aus. Zwischen dem Markt und dem *Padang Merdeka*, dem Unabhängigkeitsplatz am Fluss, wirkt Kota Bharu nobel, mit all den Sultansgebäuden, Museen und der Staatsmoschee. Kota Bharu ist mit Bus, Bahn

KOTA BHARU

und Flugzeug von Kuala Lumpur, Alor Setar und Penang gut erreichbar.

■ SEHENSWERTES
PALÄSTE UND MUSEEN

Die *Istana Balai Besar*, ehemals der Hauptpalast des Sultans, wird heute nur noch für offizielle Staatsempfänge genutzt. Die benachbarte letzten Sultans, sind zu besichtigen. *Sa–Do 8.30–16.45 Uhr | Jalan Hilir Kota | Eintritt RM 2*

Gegenüber ist im Erdgeschoss eines schönen Holzpalais das *Kampung Kraftangan (Jalan Hilir Kota | Eintritt RM 2)*, das Kunsthandwerkmuseum, untergebracht. In den Häusern dahinter werden Batikstoffe,

Am Padang Merdeka, dem Unabhängigkeitsplatz, stehen die wichtigsten Bauten Kota Bharus

Insider Tipp *Istana Jahar* von 1887 ist wegen der Holzarbeiten eine Sehenswürdigkeit. Das Innere wurde zum *Museum für Königliche Tradition und Kultur* umfunktioniert. *Sa–Do 8.30–16.45 Uhr | Jalan Hilir Kota | Eintritt RM 3*

Ein paar Schritte entfernt liegt die kleine, 1939 erbaute *Istana Batu*, die die königliche Familie bis 1961 bewohnte. Die Räumlichkeiten, einschließlich der Hutkollektion des Songkets, Silberwaren, Holzschnitzereien hergestellt, Sie können bei der Produktion zuschauen. Das *Muzium Islam (Jalan Sultan | Eintritt RM 1)* wird renoviert und voraussichtlich im Lauf des Jahres 2009 wieder öffnen. Das *Muzium Negeri (Jalan Hospital | Eintritt RM 2)*, das Kelantan Staatsmuseum, zeigt Exponate zu Kultur, Geschichte und Brauchtum sowie zeitgenössische Ausstellungen.

> www.marcopolo.de/malaysia

OSTEN DER HALBINSEL

Bis auf das Muzium Negeri liegen alle Museen in der Umgebung des Padang Merdeka. *Öffnungszeiten aller Museen Sa–Do 8.30–16.45 Uhr*

ESSEN & TRINKEN

MEDAN SELERA KEBUN SULTAN FOOD COURT

Die blitzsauberen Essstände bieten vor allem chinesische, thailändische und indische Gerichte zu niedrigen Preisen. Hier gibt es auch Bier. *Jalan Kebun Sultan | €*

PADANG MERDEKA GARONG

Der ausgedehnte Essmarkt beim Hamzah Busbahnhof nahe dem Hotel Perdana mit seiner Fülle an Köstlichkeiten wird am Abend so richtig lebendig. *Jalan Mahmud | €*

MEENA CURRY HOUSE

Indische Küche, serviert auf Bananenblättern. *Jalan Gajah Mati | €*

EINKAUFEN

Der wohl am meisten fotografierte Markt ist der *Pasar Besar Siti Khadijah* (New Central Market) – ein Rausch der Farben und ein Muss! Der Markt erstreckt sich über vier Stockwerke und bietet Kusthandwerk, Gemüse, Obst, Drachen und Figuren fürs Schattenspiel, dazu *foodstalls (tgl. 8–18 Uhr | Jalan Parit Dalam)*. Ganz in der Nähe liegt der *Buluh Kubu Basar (tgl. 10–17 Uhr | Jalan Buluh Kubu)*, ein Paradies für Schnäppchenjäger. Hier finden Sie Kusthandwerk und vor allem Batik. Das größte Einkaufszentrum der Stadt ist die *KB Mall (tgl. 10–22.30 Uhr | Jalan Hamzah)*.

In der Freihandelszone *Rantau Panjang*, 39 km südwestlich von Kota Bahru, können Sie Waren aus dem nahen Thailand erstehen. Berühmt sind die Silberwaren Kelantans, die Sie z. B. in den Geschäften an der *Jalan Sultana Zainab* finden. Dort können Sie auch bei der Produktion zuschauen. *Per (Sammel-) Taxi (0,5 Std.) oder Bus Nr. 29 (1 Std.) vom Hauptbahnhof*

ÜBERNACHTEN

Ein besonderes Erlebnis ist die Übernachtung bei malaiischen Gastfamilien. Erkundigen Sie sich bei der *Tourist Information (s. Auskunft)*.

PASIR BELANDA

In einem Dorf am Fluss gelegen. Unterkunft in im Malai-Stil gebauten

MARCO POLO HIGHLIGHTS

★ **Kampungs**
Fahren Sie an die Küste, wo Malaien seit Generationen in malerischen Dörfern *(kampungs)* leben (Seite 54)

★ **Islamic Heritage Park**
Eine Kirche aus Glas: die faszinierende Kristallmoschee ist Mittelpunkt des Themenparks in Terengganu (Seite 59)

★ **Taman Negara National Park**
Regenwalderfahrung mit Komfort oder anspruchsvolle Trekkingtouren – Sie haben die Wahl (Seite 66)

★ **Pulau Tioman**
Inselidylle zum Baden und Schnorcheln – da, wo das Meer noch glasklar ist (Seite 66)

KOTA BHARU

Holzhäusern. *6 Chalets | Jalan PCB | Kampung Banggol | Tel. 09/747 70 46 | www.pasirbelanda.com | €€*

PERDANA RESORT
Am PCB-Strand (die Abkürzung steht für „Strand der leidenschaftlichen Liebe" – ein sittenwidriger Name, der offiziell durch „Mondscheinstrand" ersetzt wurde). Komfortable Zimmer, viele mit Seeblick. *117 Zi. | Jalan Kuala Pa'amat | Pantai Cahaya Bulan | Tel. 09/774 40 00 | Fax 774 49 80 | www.perdanaresort.com.my | €€*

MENORA GUEST HOUSE
Backpacker-Treff. Dachgarten mit Flussblick, Zimmer z. T. mit Klimaanlage. *16 Zi. u. Schlafsaal | 3338D, Jalan Sultanah Zainab | Tel. 09/748 16 69 | €*

■ AM ABEND

Die regierende PAS-Partei hat seit einiger Zeit Diskos wieder zugelassen, allerdings mit der Auflage, dass kein Alkohol ausgeschenkt und keine Körperteile entblößt werden. Außerdem sollen Männer und Frauen getrennt tanzen. Ob das Angebot angenommen wird, ist fraglich. Sonst hat die Stadt außer Restaurants und *foodstalls* abends nicht viel zu bieten.

■ AUSKUNFT

TOURIST INFORMATION CENTRE
Jalan Sultan Ibrahim | Tel. 09/748 55 34 | Fax 748 66 52

■ ZIELE IN DER UMGEBUNG

BATIK-FABRIK [116 C2]
In den vielen Batik-Fabriken können Sie bei der Herstellung der Stoffe zuschauen, z.B. *Razali Batik | Mohamas Razali Arsat | Lot 147 Jalan Hilir | Kampung Pintu Geng*

MASJID KAMPUNG LAUT [116 C2]
Eine der ältesten Moscheen im Land liegt in Nilam Puri (10 km südlich). Nicht-Muslime dürfen sie leider nicht betreten, ein Besuch lohnt sich aber dennoch: Die Moschee ist ganz aus Holz und ohne einen einzigen Nagel gebaut. *Inside Tipp*

PULAU PERHENTIAN [116 C2]
Eine Südsee-Trauminsel mit schönen Sandstränden und türkisblauem Wasser, ideal zum Schnorcheln und Tauchen, perfekt für Reisende mit Kindern. Auf der kleinen Perhentian-Insel *(Perhentian Kecil)* liegt ein Fischerdorf, preiswerte Unterkünfte, in denen viele Backpacker übernachten, sind etwa *Matahari Chalet (35 Zi. | Tel. 09/691 17 40 | €)* oder *Impiani Resort (Tel. 09/691 18 55 | www.impiani.com | €–€€).*

Auf der großen Insel *(Perhentian Besar)* gibt es Resorts sehr unterschiedlicher Kategorie, etwa das *Perhentian Island Resort* mit vollklimatisierten, sehr komfortablen, geräumigen Chalets, an einem schönen Strand *(106 Chalets | Tel. 09/697 49 00 | www.perhentianislandresorts.com | €€€).* Das *Coral View Island Resort* mit klimatisierten Chalets liegt am *Telok Pauh,* einem kleinen, feinen Sandstrand *(75 Zi. | Tel. 09/691 17 00 | €€).* Das angenehme *New Cocohut Chalet* ist die günstige Version mit Strandchalets *(30 Zi. | Tel. 09/691 18 10 | €–€€).*

Von Kota Bahru aus mit dem Taxi *(ca. 1 Std. | RM 60)* zum Fähranleger in Kuala Besut. Von dort fahren

OSTEN DER HALBINSEL

Boote zur Insel *(8.30–17.30 Uhr | ca. 1,5 Stunden | RM 40)*.

SABAK BEACH [116 C2]
Das Fischerdorf etwa 14 km außerhalb sollten Sie unbedingt besuchen. Besonders spannend ist es, die vom Fang zurückkehrenden Boote und den Handel, der sich anschließend an Land vollzieht, zu beobachten.

Insider Tipp WATS [116 C2]
In der Gegend um Tumpat auf der anderen Seite des Kelantan Flusses und nah an der thailändischen Grenze leben mitten im malaiischen Kernland seit Generationen Thais. Hier gibt es rund 60 buddhistische Tempel. Den größten stehenden Buddha Südostasiens beherbergt seit August 2008 das *Wat Phothikyan* in Kampung Balai. Im *Wat Phothivihan* in Kampung Beruk begegnen Sie einem der größten liegenden Buddhas Südostasiens. Die Anfahrt mit dem Bus ist sehr schwierig, daher empfiehlt sich eine Rundfahrt mit dem Taxi *(RM 30–50)*.

KUALA TERENGGANU

[117 D2] **Die Hauptstadt des Bundesstaates Terengganu (255 000 E.) ist durch Erdöl- und Ergasvorkommen im Südchinesischen Meer reich geworden.** Ein Spaziergang durch das *Kampung Cina* (chinesisches Dorf) versetzt den Besucher in eine frühere Zeit: Die chinesichen *shop houses* entlang der *Jalan Bandar* sind architektonische Zeugen aus dem 19. Jh. Die ehemals florierende Schiffsbauindustrie hat heute an Bedeutung verloren. Aber Sie können noch immer beim Bau der hochseegängigen Handels- und der kleineren Fischerboote zusehen. In der Nähe des Bootsanlegers steht die 1897 gebaute *Istana Maziah*, die zeremonielle Residenz des Sultans. Bis 2011 ist er turnusmäßig König von Malaysia. *www.etourz.com*

Buddhaskulpturen im Wat Phothivihan

■ SEHENSWERTES

ISLAMIC HERITAGE PARK ★
Auf der Wan Man-Insel im Fluss steht, neben den 21 Miniaturreplikas einiger der bekanntesten Monumente der Welt, eines der neuesten Wahrzei-

KUALA TERENGGANU

chen der Stadt: die *Kristallmoschee*, deren Dach und Teile der Wände aus Glas bestehen. *Mo, Mi–Fr 10–19 | Eintritt RM 10 | www.tti.com.my*

TERENGGANU NATIONALMUSEUM
Das Nationalmuseum ist einer der größten Museumskomplexe in Südostasien. Die Anlage beherbergt verschiedene Galerien in mehreren Gebäuden, u. a. die islamische, die Textil-, die königliche Galerie, die Galerie des Kunsthandwerks und des Öls, die Galerie der Seefahrt. *Mo-Do, Fr 9–12 u. 15–17, Sa/So 9–17 Uhr | Bukit Losong | Eintritt RM 5 | Bus vom Dataran Shah Bandar (RM 2), mit dem Boot vom Heritage Bay Club (30 Min. | RM 20)*

■ ESSEN & TRINKEN
Genießen Sie *ais krim goreng* (gebratene Eiscreme) oder *nasi dagang* und *keropok* (eine Art Chips aus gemahlenen Krabben und Fisch) am schönen Strand *Batu Buruk (etwa 3 km südlich des Zentrums)*.

RESTORAN OCEAN
Großes, chinesisches Lokal, das sich auf Meeresfrüchte spezialisiert hat. Man schenkt hier auch Bier aus. *Tgl. 18–24 Uhr | Jalan Sultan Zainal Abidin 2097 | Tel. 09/623 91 56 |* €€€

■ EINKAUFEN
Am *Pasar Payang* (Central Market) können Sie alles erstehen, was die Ostküste zu bieten hat: Batik oder die berühmten Messingwaren (im 1. Stock). Im *Noor Arfa Craft Complex (tgl. 9–20 Uhr | Lot 4153, Cendering Industrial Area | www.noor-arfa.com | Taxi oder Bus vom Stadtzentrum etwa 15 Min. nach Süden)* werden wunderschöne Batikstoffe angeboten. Sie können bei der Herstellung der Batikmuster zuschauen

■ ÜBERNACHTEN
K. T. MUTIARA
Günstiges, zentral gelegenes Mittelklassehotel mit annehmbarem Komfort. *51 Zi. | Jalan Sultan Ismail 67 | Tel. 09/622 26 55 | Fax 623 68 95 |* €

PRIMULA BEACH RESORT 🌐
Unansehnlicher Betonklotz, aber direkt am Strand und mit schön angelegtem Schwimmbad im tropischen Garten. *248 Zi. | Jalan Persinggahan | Tel. 09/622 21 00 | Fax 623 33 60 | www.primulabeachresort.com |* €€€

■ FREIZEIT & SPORT
Hochseeangeltouren oder Tauchgänge vor den vorgelagerten Inseln: *Ping Anchorage (Jalan Sultan Sulaiman 77A | Tel. 09/626 20 20 | www.pinganchorage.com.my)*.

■ AM ABEND
Außer Karaokelounges in einigen Hotels (z. B. im *Primula Beach Resort*) gibt es keine Abendaktivitäten.

■ AUSKUNFT
STATE TOURIST OFFICE
Jalan Sultan Zainal Abidin, zwischen Pier und Palast | Tel. 09/622 15 53

■ ZIELE IN DER UMGEBUNG
MARANG UND PULAU KAPAS [117 D2]

Inside Tip

Das 15 km südlich gelegene Fischerdorf Marang ist eine entspannende Alternative zur Stadt und Ausgangspunkt für die Insel Kapas. Übernachten können Sie in den 22 Chalets des

> www.marcopolo.de/malaysia

OSTEN DER HALBINSEL

gemütlichen *Marang Guest House (Kampung Paya | Tel. 09/618 19 76 | Fax 618 43 86 | www.marangguesthouse.com | €).* Von dort aus geht es mit dem Boot auf die 6 km entfernte Insel Kapas *(tgl. ab 9 Uhr | RM 40–60),* die zum Marine Park erklärt wurde, um die letzten Korallenbänke zu schützen. Sie lädt zum Relaxen und zum Schnorcheln. Übernachten können Sie z. B. im *Kapas Island Resort (Tel. 09/631 64 68 | €–€€)* oder im einfachen *Captain's Longhouse (früher: Light House Kapas Island | Tel. 012/377 02 14 | €).*

Schiffe vom offiziellen Pier: ab 9 Uhr, letzte Rückfahrt 17 Uhr | RM 30

FLOATING MOSQUE (MASJID TENGKU TENGAH ZAHARAH) [117 D2]

Die strahlend weiße *floating mosque* in Kampung Ibai (ca. 6 km) wirkt, als schwimme sie auf dem Wasser. *Jalan Sultan Mahmud*

PULAU REDANG [117 D2]

Ausgangspunkt für die exklusive Ferieninsel mit exzellenten Tauchplätzen ist Merang (38 km nördlich von Kuala Terengganu). Übernachtungen werden nur im Paket angeboten. Auskünfte beim *Berjaya Redang Beach Resort (151 Zi. | Tel. 09/630 88 88 | Fax 630 88 80 | www.berjayaresorts.com.my | €€€)* und beim *Redang Bay Resort (76 Zi. | Tel. 09/620 32 00 | Fax 624 20 48 | www.redangbay.com.my | €€).* Allgemeine Infos: *www.redang.org*

RANTAU ABANG [117 D3]

Der Strand von Rantau Abang (58 km südlich von Kuala Terenggau), ist einer von weltweit sechs Plätzen,

Im Fischerdorf Marang herrscht eine völlig entspannte Atmosphäre

KUANTAN

an dem die riesigen Lederschildkröten ihre Eier ablegen. Heute kommen nur noch wenige Schildkröten an Land (Infos über günstige Zeiten: *Ma' Daerah Turtle Sanctuary* | *Tel. 38/870 40 00* | *madaerahturtle @yahoo.com*). Außerdem gibt es das *Turtle Information Centre* (So–Do 8–16.45 Uhr).

TASIK KENYIR [116–117 C-D 2–3]

40 Flüsse speisen den Kenyir-Stausee, und annähernd 300 Inseln ragen aus dem Gewässer (369 km²). Von Kuala Terengganu und Marang fahren Busse 55 km nach Westen bis Kuala Berang. Taxis fahren weiter zu den 13 km entfernten *Sekayu-Kaskaden* (ein Erholungsgebiet) oder 15 km zum *Staudamm* (Besichtigungen 9–18 Uhr). Man kann Ausflugsboote mieten, etwa zum *Lasir-Wasserfall* oder auch zu den benachbarten Hausbooten des *Uncle John's Resort* (12 Zi. | Tel. 09/622 95 64 | Fax 622 95 69 | www.unclejohnsresort.com | €€).

30 km sind es von Kuala Berang zum *Gawi Jetty*, von hier fahren Boote zum malerisch am See gelegenen *Lake Kenyir Resort & Spa* (132 Holzchalets | Tel. 09/666 88 88 | Fax 666 83 43 | www.lakekenyir.com | €€). Tagesausflüge zum *Kenyir-See* organisiert *Ping Anchorage* (Jalan Sultan Ismail 77 A | Tel. 09/626 20 20 | RM 80 für max. 4 Personen).

KUANTAN

[117 D4] Kuantan, auf halbem Weg zwischen Singapur und Thailand, ist mit fast 400 000 Ew. die größte Metropole und Hauptstadt des Bundesstaates Pahang. Die Moschee *Sultan Ahmad Shah* mit

> BÜCHER & FILME
Comics, politische Dokumentationen und Abenteuer

- > **Kampung Boy** – Comic, auch und vor allem für Erwachsene. Zeigt mit viel Witz typische Situationen und Menschen in Malaysia.
- > **Feuer über dem Fluss** – Abdul Samad Said schreibt psychologisch fundiert über die Zeit der japanischen Besatzung Malaysias, die Luftangriffe der Alliierten und die Not der Bewohner eines Dorfes.
- > **Unter Perlenfischern und Piraten** – Ein Junge wird an der malaiischen Küste von Piraten gefangen. Abenteuergeschichte von Alfred Hageni.
- > **Dieser Hunger nach Leben** – Beatrice Saubin wurde in Malaysia wegen Drogenbesitzes zum Tod verurteilt und kam nach zehn Jahren Gefängnis frei. Tatsachenbericht
- > **Mukshin** – Der Film von Yasmin Ahmad erzählt in faszinierenden Bildern von der ersten Liebe und wurde bei der Berlinale 2007 gleich zweimal ausgezeichnet.
- > **The Last Communist** – Der Film von 2006 dokumentiert das Leben Chin Pengs, des Führers der Kommunistischen Partei Malaysias. In Malaysia auf dem Index.
- > **The Big Durian** – Im Oktober 1987 lief ein malaysischer Soldat mit seinem Gewehr Amok in Kuala Lumpur. Dokumentarfilm und Gesellschaftsskizze mit vielen Facetten.

OSTEN DER HALBINSEL

ihren eindrucksvollen Minaretten und Kuppeln in der *Jalan Mahkota* ist eine Attraktion. Parallel zu Jalan Mahkota und Kuantan-Fluss verläuft den Glühwürmchen *(RM 15 | Dauer: 1,5 Std. | mind. 10 Teilnehmer)*.

Gute Straßenverbindungen bestehen von Kuantan aus entlang der

Urbane Lebensqualität, die sich sehen lassen kann: Kuantans Stadtstrand Telok Chempedak

die *Jalan Besar* mit alten chinesischen *shop houses* und dem lokalen Busterminal. Am Stadtstrand *Telok Chempedak* gibt es ein paar Hotels, Restaurants und Pubs. Eine Tour auf dem *Kuantan-Fluss (ab Fähranleger gegenüber dem General Hospital)* führt durch eine malerische Landschaft u. a. in ein Mangrovenreservat *(etwa 20 Min. Wanderung durch die Mangroven)*. Die Fahrt geht bis zum Medan Feri und dann zurück zum Fähranleger *(Stadtverwaltung Kuantan | Tel. 09/512 16 44 | RM 15 | Dauer: 1 Std. 15 Min.)*. Eine Nachtfahrt führt in einen Nebenfluss zu

Ostküste und nach Kuala Lumpur (260 km); zudem gibt es Direktflüge nach Kuala Lumpur, Johor Bahru und Pulau Tioman.

ESSEN & TRINKEN

An der Ausfallstraße nach Süden kommen Seafood-Freunde auf ihre Kosten: Hier finden sich zahlreiche, sehr preisgünstige Restaurants.

ANA IKAN BAKAR

Genießen Sie *Ikan bakar*, frischen gegrillten Fisch, in diesem Restaurant an der südlichen Ausfallstraße. *Jalan Tanjung Lumpur* | €

KUANTAN

TELOK CHEMPEDAK

An der Strandpromenade bieten *foodstalls* Köstliches zu Traumpreisen an. In jedem größeren Hotel gibt es gute, aber etwas teuerere Restaurants.

■ EINKAUFEN

Der *Teruntum Complex*, die *Berjaya Megamall* und die *Kuantan Parade*

Kostbares Gummi: Kautschukernte in den Plantagen rund um Gua Charas

sind moderne Einkaufszentren mit Restaurants und Bowlingbahnen. Schlendern Sie die *Jalan Besar* entlang, genießen Sie lokale Spezialitäten und schauen Sie sich die Waren in den kleinen Kunsthandwerkläden an.

■ ÜBERNACHTEN

CITY VIEW HOTEL KUANTAN

Im Stadtzentrum gelegen, mit allem Komfort und herrlichem Blick über den Kuantan-Fluss und auf das Südchinesische Meer. *92 Zi. | Jalan Haji Abdul Aziz | Tel. 09/517 99 88 | citiview@myjaring.net | €–€€*

HOMESTAY

Wenn Sie bei einer malaysischen Familie wohnen wollen, wenden Sie sich an den Koordinator Abdul Majid bin Idris. *Tel. 09/4201125*

HYATT REGENCY KUANTAN RESORT

Direkt am Strand gelegen, sehr komfortabel, Bar mit Live-Musik. *330 Zi. | Telok Chempedak | Tel. 09/518 12 34 | Fax 567 75 77 | http://kuantan.regency.hyatt.com | €€€*

■ AM ABEND

Das *Boom Boom Bistro & Bar* ist ein beliebter Treffpunkt mit Livemusik, Sport-TV, internationalem Menü und Bier vom Fass. *236, Jalan Teluk Sisek 236 | Tel. 09/552 51 84 | €*

■ AUSKUNFT

TOURIST INFORMATION CENTRE

Der Pavillon an der *Jalan Mahkota* hat freundliches, hilfreiches Personal und stapelweise Gratisprospekte. *So–Fr 9–16.30, Sa 9–12.45 Uhr | Tel. 09/516 10 07*

■ ZIELE IN DER UMGEBUNG

BESERAH [117 D4]

Ein typisch malaiisches Dorf, 10 km nördlich von Kuantan, in dem Fischer nachmittags den Fang mit Büffelkarren ins Dorf transportieren. Jeden Montag ist Nachtmarkt.

CHERATING [117 D3]

Berühmt wurde der Strand 47 km nördlich von Kuantan als hier An-

> www.marcopolo.de/malaysia

OSTEN DER HALBINSEL

fang der 1980er-Jahre der erste *Club Med* Asiens eröffnet wurde. Die Anlage liegt traumhaft an einer kleinen Privatbucht. *(316 Zi. | Tel. 09/581 91 33 | Fax 581 95 24 | www.club med.com | €€€)*. Etwa zur gleichen Zeit kamen erste Touristen ins südlich gelegene *Kampung Cherating Lama*. Nadelbäume säumen den schönen Strand. Cherating ist bei Backpackern sehr beliebt. Etwas luxuriöser sind die 25 Chalets des *Bayview Resort* direkt am Strand *(Tel. 09/581 92 48 | Fax 581 94 15 | www.geocities.com/cheratingbayview | €€)*. Es gibt Surfbrett- und Fahrradvermietungen, Batikwerkstätten und Bootsausflüge auf dem Cherating-Fluss oder zur Schlangeninsel *Pulau Ular*. Die Busse (auf der Strecke Kuantan–Kuala Terengganu) stoppen an der Hauptstraße. Von dort geht es in 10 Min. zu Fuß zum Strand

KEMAMAN [117 D3]

Kemaman liegt an der Nationalstraße 3 in Richtung Chukai und ist berühmt für seine ==gefüllten Krebse== *(stuffed crabs)*. Serviert werden sie z. B. im *Restaurant Malaysia (Jalan Sulaimani | Tel. 09/859 13 54)*. In Hai Pengs Coffeeshop *(3753 Jalan Sulaimani | Chukai | Tel. 09/859 78 10)* gibt es den besten *white coffee*, dazu Toast und *kaya*, einen süßen, aus Kokosmilch und Eiern bestehenden Aufstrich – eine köstliche Spezialität der Gegend.

Insider Tipp

PEKAN [117 D4]

Das geruhsame Städtchen am Pahang-Fluss (44 km südlich von Kuantan) ist die Residenzstadt des Sultans von Pahang. An der Uferstraße liegen die ältere *Abdullah-Moschee* und die neuere *Abu Bakar-Moschee*. Ein paar Schritte weiter zeigt das ==Museum Sultan Abu Bakar== die Schätze einer vor der Küste gesunkenen chinesischen Dschunke sowie Gegenstände aus dem Besitz der Sultansfamilie *(Di–So 9.30–17 Uhr, Fr 9.30–12.15 | Jalan Sultan Ahmad | Eintritt RM 1 | www.muziumpahang.com.my)*. Gegenüber dem Museum, am Fluss, gibt es Essensstände. Lokalbusse oder Taxis fahren 5 km ins Dorf *Pulau Keladi* zur renommierten Seidenweberei *Tenunan Sutra Pa-*

Insider Tipp

>LOW BUDGET

> Günstig und angenehm wohnen Sie im ehemaligen Fischerdorf Cherating [117 D3], z. B. in Strandnähe in den Chalets des *Coconut Inn Cherating Village (Jalan Cherating Lama | Pahang | Tel. 09/581 92 99 | €)*.

> Sehr günstige und gute kleine Restaurants und *foodstalls* finden Sie in Kuala Terengganu [117 D2] im *Kampung Cina*, der atmosphärischen Chinatown mit ihren vielen alten *shop houses*. Ca. 5 RM pro Mahlzeit

> In den Wats, den buddhistischen Tempeln rund um Kota Bahru [116 C2], können Sie Kräuterdampfbäder nehmen – gesund und exotisch. *RM 5–10*

> Die Grotte *Gua Charas* [117 D4] (auch: *Gua Panching*) liegt inmitten von Palmöl- und Kautschukplantagen. In der Höhle wartet für RM 1 Eintritt ein 9 m langer, liegender Buddha auf Besucher. Unbedingt feste Schuhe anziehen! *Lokalbus Richtung Sungai Lembing, bei Panching aussteigen, 4 km langer Pfad zur Höhle*

KUANTAN

hang (tgl. 9–17 Uhr, Fr 12.15–14.45 Uhr geschl. | Tel. 09/422 28 29).

PULAU TIOMAN ⭐ [117 E4–5]
Die Insel Tioman *(www.tioman.com.my)* besitzt mächtige, von Regenwald bestandene Berge, Sandstrände und klares Wasser. Heute leben – neben den Touristen – rund 2300 Insulaner auf Tioman. Ein Teil der Gewässer um die Insel ist als Marine Park ausgewiesen. Naturschützer fürchten, dass die neu errichtete Marina das Ökosystem und vor allem die Korallen nachhaltig stört oder sogar zerstört.

Die einzige Straße führt von der Flugpiste beim Hauptort *Tekek* zum angenehm gestalteten Luxusresort *Berjaya Tioman Beach Golf and Spa Resort (442 Zi. | Tel. 09/419 10 00 | Fax 419 17 18 | www.berjayaresorts.com | €€–€€€).* Zaid's Place heißt in Salang Bay eine populäre Bungalowanlage mit Restaurant *(28 Chalets | Tel. 09/419 50 20 | Fax 419 50 19 | €€).* Zwischen den Stränden verkehrt ein *sea bus.* Tauchkurse mit PADI-Prüfung können Sie bei Dive-Asia *(Tel. 09/419 50 17 | www.diveasia.com.my)* absolvieren.

Idyllisch wirkt der einzige Strand auf der Ostseite der Insel, *Juara Beach;* er ist mit dem *sea bus* oder zu Fuß in knapp 3 Std. über den beliebten Dschungeltrek von Tekek zu erreichen. Übernachten können Sie in den anspruchslosen 20 Chalets von *Mutiara (Tel. 09/419 31 59 | €)* oder komfortabler im *Juara Beach Resort (Tel. 09/419 31 88 | €).* Von Kuantan, Kuala Lumpur und Singapur gibt es Flüge nach Tekek. Es verkehren auch große Schiffe zwischen Singapur und dem Luxusresort *Bejaya Tioman Beach Golf and Spa Resort (4,5 Std. Fahrzeit | Infos Tel. 09/419 10 00).* Sonst ist das mit Bussen gut erreichbare Küstenstädtchen *Mersing,* 336 km südlich von Kuantan, Ausgangspunkt für die Schnellboote nach Tioman *(Dauer: 2 Std. | RM 35).* Auch von *Tanjung Gemok,* 35 km nördlich von Mersing, fahren Boote *(tgl. 12 Uhr | RM 70 | Tel. 07/227 29 07 | Dauer: 1,5 Std.).*

TAMAN NEGARA NATIONAL PARK ⭐ [116–117 C–D3]
Die beste Zeit für einen eventuell mehrtägigen Ausflug in den ältesten Nationalpark Malaysias, gegründet 1939, ist die Trockenzeit, obwohl der Park das ganze Jahr geöffnet hat. Unterkunft bietet z. B. das *Rainforest Resort Taman Negara (Jerantut | Pahang | Tel. 09/266 78 88 | Fax 267 23 52 | www.tamannegara-rainforest.com | €€).* Eine billigere Alternative sind die 16 *Agoh Chalets* in Kuala Tahan *(Tel. 09/266 95 70 | www.agoh.com.my | €).* Ein Gang durch die Wipfel der Urwaldriesen auf dem ==Canopy Walk== *(Sa–Do 11–14.45, Fr 9–12 Uhr | Eintritt RM 5)* bietet atemberaubende Ausblicke. Bootsfahrten auf den kleinen und größeren Flüssen und über Stromschnellen in einem der ältesten Regenwälder der Erde (130 Mio. Jahre) sind ein Erlebnis.

Einer der Ausgangspunkte eines Ausflugs in den Park ist *Kuala Tembeling (16 km),* wohin von Kuala Lumpur täglich Busse fahren *(8 u. 8.30 Uhr | RM 35).* In Kuala Tembeling nehmen Sie ein Boot, das Sie

OSTEN DER HALBINSEL

zu Ihrem Bestimmungsort bringt. Hier werden auch die Permits ausgestellt. Die Boote fahren täglich *(9 u. 14 Uhr | RM 50 hin und zurück)*, die Anreise zum Parkhauptquartier *Kuala Tahan* dauert gut 3 Stunden. Auf dem Tembeling-Fluss servieren *floating restaurants* malaiische Hausmannskost *(€€)*.

Von Kuala Tahan aus führen markierte Wanderwege zum ☼ Aussichtspunkt auf dem 344 m hohen *Bukit Teresik*, zur *Gua Telinga*, einer Fledermaushöhle, zu mehreren Hochständen, auf denen man die Nacht verbringen kann, und auf den *Gunung Tahan*, mit 2187 m höchster Berg der Malaiischen Halbinsel.

TASIK CHINI [117 D4]

Weiße und pinkfarbene Lotosblumen bedecken von Juli bis September vor allem das südliche Gewässer um *Laut Melai*. Am Ufer des Sees leben Orang Asli vom Stamm der Jakun, sie sind die eigentlichen Ureinwohner Malaysias. Akzeptable Unterkunft bietet das *Lake Chini Resort* mit 11 Chalets und Schlafsaal für 10 Personen *(Tel. 09/477 80 00 | www.lakechini.com | €)*. Man kann Boote und Angelausrüstungen mieten. Der See ist am besten per Taxi von Kuantan *(ca. RM 90)* zu erreichen. *90 km südwestlich von Kuantan, nahe der Hauptstraße nach Kuala Lumpur*

Schwankend in schwindelnder Höhe: Canopy Walk im Taman Negara National Park

> LANGHÄUSER UND TROPFSTEINHÖHLEN

Auf Borneo waren die Urgroßväter noch Kopfjäger. Heute sind die einst erbeuteten Schädel eine Touristenattraktion

> Sarawak ist mit rund 125 000 km² nur wenig kleiner als Westmalaysia. Auf der Halbinsel leben allerdings zehnmal mehr Menschen als in Sarawak, wo sich die 2,35 Mio. Einwohner in den Städten der Küstenregion konzentrieren.

Die meisten der 27 Volksgruppen sind sesshaft. Sie bauen Reis, Pfeffer und Kakao an und wohnen in Langhäusern an Flüssen. Die Menschen, ob Iban oder Dayak, Kayan oder Penan, Malaien oder Chinesen haben eine enge Beziehung zur Natur. Vor allem die Penan: Ein Teil dieser ethnischen Gruppe lebt noch als Seminomaden am oder im Urwald.

Sarawak ist reich an Erdöl, Erdgas und Holz. Die Nutzung der Wälder birgt allerdings Konflikte: Durch die Arbeit der Holzfäller werden die Flüsse verschmutzt, Gräber im Urwald zerstört und der Lebensraum von Mensch und Tier immer weiter eingeschränkt.

Bild: Langhaus der Bidayuh im Cultural Village bei Kuching

SARAWAK

Sarawak ist faszinierend: Die Hauptstadt Kuching stammt aus der Brooke-Ära (1841–1945), als das Land von britischen „Rajas" regiert wurde. Von der Boomtown Miri gelangt man zu den imposanten Höhlen im Gunung Mulu National Park, es lockt ein Abstecher nach Brunei, Natur pur findet sich im Bako National Park. Zahlreiche Reiseagenturen bieten Abenteuertouren in entlegene Regenwaldgebiete an.

KUCHING

[118 B4] **Kuching, die Hauptstadt des Bundesstaates Sarawak (570 000 Ew.), gilt als eine der attraktivsten Städte Südostasiens.** In den kleinen Straßen entlang des Flusses stehen hübsche Tempel, historische Gebäude und die traditionellen chinesischen *shop houses*. In den Geschäften und auf den Märkten finden Sie feines Kunsthandwerk aus der Region. Der Sara-

KUCHING

wak-Fluss teilt die Stadt: Den Süden prägt der chinesische Einfluss und die Geschäftswelt. Im Norden wohnen mehrheitlich Malaien. Hier stehen an den Ufern des Flusses noch die traditionellen *kampung*-Häuser. So unterschiedlich sind die beiden Teile, dass sie sogar je einen eigenen Bürgermeister und ein eigenes Rathaus haben. Antworten auf die Frage, wie der Name der Stadt zustande gekommen ist, finden Sie im *Sarawak-Museum*. Dass Kuc(h)ing das malaiische Wort für „Katze" ist, dokumentieren die zahlreichen Katzenmonumente (z. B. die Statue an der Kreuzung *Jalan Padungan/Jalan Central*) und das Katzenmuseum. Aber vermutlich leitet sich das Wort vom im indochinesischen Raum gebräuchlichen Wort „cochin" (Hafen) ab. *www.isarawak.com.my/kuching*

■ SEHENSWERTES

CAT MUSEUM

Das Katzenmuseum auf dem *Bukit Siol* zeigt Katzenmemorabila, informiert über die Entwicklung und Kulturgeschichte verschiedener Rassen.

Bei Sonnenuntergang wird das schöne Kuching zum tropischen Traumgebilde

Di–So 9–17 Uhr | Jalan Semariang | Petra Jaya | Eintritt frei

CHINESE HISTORY MUSEUM

Chinesische Händler waren hier vermutlich schon im 10. Jh. unterwegs, im 19. Jh. immigrierten Chinesen nach Kuching. Geschichte und Kultur der Volksgruppen werden am früheren Sitz der chinesischen Handelskammer dokumentiert. *Sa–Do 9–18*

> *www.marcopolo.de/malaysia*

SARAWAK

Uhr | Jalan Tunku Abdul Rahman | Eintritt frei

FLUSSFAHRTEN

Eine Fahrt auf dem Sarawak-Fluss zeigt Ihnen die Stadt in ihrer Vielfalt und Schönheit. Sie passieren nicht nur die kleinen Fährboote, die bunten *sampans* (kleine Boote) und Fischerboote, sondern auch *Fort Magherita*, das 1879 im Stil eines englischen Renaissanceschlosses zum Schutz vor Piraten gebaut wurde und heute das *Polizeimuseum (Di–So 10–18 Uhr | Eintritt frei)* beherbergt. Außerdem geht es vorbei an der *Istana*, der Residenz des Gouverneurs von Sarawak, der *Nationalmoschee* und traditionellen Malai-Häusern. *Info und Buchung im Visitors' Information Centre oder bei Cendera Jiwa Cruise an der Waterfront (Tel. 012/882 23 53 | RM 20).*

HISTORISCHES ZENTRUM

Viel zu entdecken gibt es zwischen der 1968 erbauten *Kuching-Moschee*, dem *Padang Merdaka* (Unabhängigkeitsplatz) und den modernen Hotels am Flussufer: Koloniale *shop houses* schmücken die *Jalan Padungan*, den *Main Bazaar* und die parallel verlaufende *Jalan Carpenter*. Letztere mündet in die *Jalan Tun Haji Openg* mit dem neoklassizistischen Hauptpostamt und dem *Round Tower* (1886), einem befestigten Gebäude, das mit dem *Court House* (1874) eine Einheit bildet. Auf der Flussseite, an der *Gambier Road*, pulsiert der Markt in den Obst-, Fisch-, Fleisch- und Geflügelhallen. Die parallel zum Markt verlaufende Fußgängerzone *Jalan India* ist so beliebt, dass weitere verkehrsfreie Meilen geplant sind.

INDISCHE MOSCHEE

Die Moschee der indischen, mehrheitlich tamilischen Gläubigen bietet 1000 Gläubigen Platz für die Freitagsgebete. *Jalan Gambier*

PASAR MINGGU

Der *Sunday Market* beginnt bereits am Samstagnachmittag. Menschen aus der Umgebung bieten ihre Produkte an, besonders beliebt sind die Stände der Bidayuh-Frauen, die Früchte und Gemüse und wilden Honig verkaufen. Darüber hinaus gibt es Tiere, Orchideen, Kunsthandwerk, Produkte aus dem Regenwald und natürlich lokale Leckerbissen. Beste

MARCO POLO HIGHLIGHTS

★ **Cultural Village**
Im lebhaften Museumsdorf bei Kuching vermitteln Einheimische die traditionelle Kultur Sarawaks (Seite 75)

★ **Gunung Mulu National Park**
Höhlen, Berge, Regenwald und Flüsse – alles auf einem Flecken (Seite 79)

★ **Waterfront Promenade**
Kuchings schöne Flussseite (Seite 72)

★ **Longhouse River Safari**
Per Boot zu den traditionellen Langhäusern der Iban (Seite 76)

★ **Rainforest World Music Festival**
Weltmusik im Dschungel (Seite 75)

KUCHING

Besuchszeit sind Samstagabend oder Sonntagmorgen. *Sa 16–23 Uhr, So 5–12 Uhr | Jalan Satok*

SARAWAK MUSEUM
Eines der schönsten Museen Südostasiens zeigt eine umfangreiche Darstellung der Kultur und Geschichte Borneos. Über eine Fußgängerbrücke gelangt man zum 1983 eröffneten *Annex*, wo archäologische Funde, chinesische Kulturgegenstände und moderne Kunst ausgestellt und die Wirtschaft und Geschichte Sarawaks illustriert werden. Im Garten locken *Aquarium* oder *Teehaus*. Auf demselben Gelände zeigt das *Islamic Museum* in einem historischen Gebäude eine internationale Sammlung von Kunst-, Kult- und Kulturgegenständen islamischen Ursprungs. *Tgl. 9–18 Uhr | Eintritt frei | Jalan Tun Abang Haji Openg | www.museum.sarawak.gov.my*

WATERFRONT PROMENADE
Einst eine vernachlässigte und etwas heruntergekommene Gegend, hat sich das Flussufer im Zentrum zu einer Flaniermeile gemausert. Die ca. 1 km lange Promenade, im Volksmund *People's Place* genannt, bietet Essensstände, Unterhaltung, etwas Kultur, aber auch Ruhe und Entspannung. Sie passieren den *Square Tower*, ein ehemaliges Gefängnis, das renovierte Gebäude der *Sarawak Steamship Company*, eine Freilichtbühne, moderne Skulpturen und Restaurants.

>LOW BUDGET

> Der *Gunung Gading National Park* [118 B4] im Lundu Distrikt im Südwesten Sarawaks lockt mit Wasserfällen, Strand, Dschungeltrek auf den Gipfel des Gunung Gading, Rafflesias – und dem schönen, sehr günstigen *Forest Hostel (RM 15/Bett oder RM 40/Zimmer/ 4 Betten | npbooking@ sarawaknet.gov.my)*. Ca. 2 Std Fahrt von Kuching oder 5 Min. von Lundu | *www.forestry.sarawak.gov.my/ forweb/np/np/gading.htm*

> Im *Matang Wildlife Centre* im Kubah National Park [118 B4] haben Sie für wenig Geld gute Chancen, Orang Utans zu beobachten, die auf die Auswilderung vorbereitet werden. Im Zentrum leben auch andere Tiere, z. B. Sambar, Krokodile, Malaienbär, Civet und Marderbär. Außerdem gibt es Picknick- und Campingplätze und Schwimmgelegenheiten. *Erw./Kinder RM 10/5 | www.forestry.sara wak.gov.my/forweb/wildlife/cen ter/matang/matangwl.htm | etwa 20 km (ca. RM 35 mit dem Taxi) nordwestlich von Kuching*

ESSEN & TRINKEN
BENSON'S SEAFOOD CENTRE
Bei Benson schlemmen Sie die besten Meeresfrüchte in Kuching, während Sie von der Terrasse aus die Boote auf dem Fluss und das Treiben um die *kampung*-Häuser am anderen Ufer betrachten. *Tgl. 11–22 Uhr | Jalan Abell | Tel. 082/25 52 62 | €€*

SEA GOOD FOOD CENTRE
Kosten Sie Sarawak-Spezialitäten wie Hummer in Pfeffersauce, knusprig frittiertes Farngemüse oder *ambol*, Muscheln, die wie Würmer aussehen, mit Ingwer und Zitronengras zubereitet aber göttlich schmecken.

SARAWAK

Tgl. 11–24 Uhr | Tel. 082/25 13 97 | Jalan. Ban Hock 53 | €€–€€€

■ EINKAUFEN

Die Auswahl an hochwertigem Kunsthandwerk ist einmalig in Borneo. Preisvergleiche und Handeln lohnen sich in den Boutiquen am *Main Bazaar*, an der *Jalan Penrissen*

■ ÜBERNACHTEN

BORNEO HOTEL

Angenehmes Mittelklassehotel, das dank seiner Ausstattung mit Doppelfenstern ruhige Nächte bietet; zudem gehören ein Restaurant, eine Bäckerei und ein Nachtclub dazu. *65 Zi. | Tabuan Road 30 C–H | Tel. 082/24 41 22 | Fax 25 48 48 | €*

Ein Fest für die Sinne: einer der vielen, reich bestückten Märkte in Kuching

und deren Seitenstraßen. Einkaufszentren gibt es bei den Hotels *Holiday Inn* und *Hilton*.

TÖPFEREIEN

Die Kuching-Töpferwaren zeigen die typischen Muster der Dayaks, Iban, Murut und Kelabit, aber auch chinesisches und malaiisches Design. Besuchen Sie z. B. *Yong Huat Heng | 5th Mile Penrissen Rd, 93*

FATA

Die Zimmer nach hinten sind ruhig, mit Blick ins Grüne und preiswert. Mit Bad, Klimaanlage und TV, Restaurant. *35 Zi. | Mcdougall Road | Tel. 082/24 81 11 | Fax 24 89 87 | €€*

HOLIDAY INN

Das älteste internationale Hotel Kuchings steht am Fluss. Toller Ausblick, Luxuskomfort. *305 Zi. | Jalan*

KUCHING

Tuanku Abdul Rahman | Tel. 082/42 31 11 | Fax 42 61 69 | www.ichotelsgroup.com | €€€

■ FREIZEIT & SPORT

Ein öffentliches Schwimmbad gibt es an der *Jalan Padungan;* ein Bowling-Centre im *Riverside Complex.*

■ AUSKUNFT
THE VISITORS' INFORMATION CENTRE
Tel: 082/41 09 44 | www.sarawaktourism.com | Lot 31, Jalan Masjid

Hilfe bei der Organisation von Reisen ins Landesinnere bekommen Sie beim *National Parks Booking Office (Jalan Tun Abang Haji Openg |*

Klein, aber dennoch faszinierend: der zauberhafte Bako National Park

Für Wassersport und Golf muss man zum *Damai Beach* fahren.

■ AM ABEND

Gegenüber dem Hilton-Hotel, im gemütlichen Pub *De Tavern,* treffen sich Einheimische und Fremde *(tgl. ab 19 Uhr | Taman Sri Sarawak Mall).* Kuchings Yuppies lauschen in der entspannten Atmosphäre des **Soho Pub** heißen Jazz- und Latinorhythmen. *Jalan Padungan 64*

Insider Tipp

Tel. 082/24 80 88 | www.sarawakforestry.com). Hier gibt es auch die notwendigen Genehmigungen für den Besuch der Nationalparks. Organisierte Touren bietet z. B. *Borneo Adventure (Main Bazaar 55 | Tel. 082/24 51 75 | Fax 42 26 26 | www.borneoadventure.com)* an. Informationen bekommen Sie außerdem bei *Tourism Malaysia (Rugayah Building, Jalan Song Thian Cheok | Tel. 08/224 67 75).*

> *www.marcopolo.de/malaysia*

SARAWAK

ZIELE IN DER UMGEBUNG

BAKO NATIONAL PARK [118 B4]

Insider Tipp

Obwohl nur 37 km von Kuching entfernt und 27 km² klein, ist die Nordspitze der *Mara Tebas-Halbinsel* ein bezauberndes Naturschutzgebiet. Erodierte Sandsteinfelsen, steile, vom Eisengehalt verfärbte Kliffe, Mangrovenwälder und Sandstrände zieren die pittoreske Küste; im Landesinnern erheben sich mit Regenwald bewachsene Hügel. Mit etwas Glück lassen sich Nasenaffen beobachten; um das Parkzentrum herum sind Wildschweine, Eichhörnchen und Makakenaffen zu sehen. Vorsicht, die Affen sind geübte Diebe! Markierte Pfade *(1–6 Std.)* führen durch den Park, sodass man keinen Führer braucht.

Ein Tagesausflug ist möglich, sofern man sich auf kurze Wanderungen in Küstennähe beschränkt. Mehr hat man von ein, zwei Übernachtungen im Parkzentrum, doch in der Saison sind die 30 Zimmer *(Tel. 082/24 80 88 | €)* oft ausgebucht. Reservierungen: *National Parks Booking Office* in Kuching *(S. 74)*.

Von Kuching fahren Minibus und Petra-Jaya-Bus Nr. 6 *(Tel. 082/42 94 18 | alle 40 Min.)* bis zur Bootsanlegestelle beim Fischerdorf *Bako Bazaar*. Boote *(ab 8 Uhr)* fahren in 30 Min. zum Parkzentrum.

CULTURAL VILLAGE [118 B4]

Das ★ Kulturdorf *(tgl. 9–17.15 Uhr | Eintritt RM 60 www.scv.com.my)* ist ein lebendiges Museum. Holzstege führen zu sieben typischen Häusern der Bidayuh, Iban, Penan, Orang Ulu, Melanau, Malaien und chinesischer Bauern. Nach einer Stärkung im Restaurant lohnt sich die Folkloreshow im klimatisierten Saal *(tgl. 11.30 und 16 Uhr)*. Das Dorf liegt 35 km von Kuching entfernt in Santubong. Sie können es per Shuttle ab dem Holiday Inn in Kuching *(tgl. 9 und 12.30 Uhr, zurück 13.45 und 17.30 Uhr | RM 10 pro Strecke)* erreichen, aber auch per Taxi oder mit einer Agentur.

Insider Tipp

Jedes Jahr findet in der Cultural Village am 2. Juli-Wochenende das ★ *Rainforest World Music Festival (www.rainforestmusic-borneo.com)*

> WOHNGEMEINSCHAFTEN
In Langhäusern teilen die Familien vieles

Außerhalb der Städte leben viele der Einwohner Borneos zusammen mit 20 bis 30 Familien in riesigen Pfahlbauten an den Flüssen. Die äußere Veranda dient dem Trocknen von Pfefferkörnern und Kleidern. Die innere, überdachte Veranda ist Treffpunkt und Arbeitsplatz. Hier lagern auch die teuren Bootsmotoren und die von den Ahnen auf der Kopfjagd erbeuteten Schädel. Jede Familie bewohnt einen eigenen Raum. Esswaren lagern in antiken chinesischen Krügen, die seefahrende Chinesen einst gegen Dschungelprodukte eingetauscht hatten. Schulkinder verbringen die Werktage in Internaten, die weiter oben oder unten an den Flüssen liegen. Beim Besuch eines Langhauses befolgen Sie bitte die Verhaltenshinweise Ihres lokalen Führers.

KUCHING

statt, das Spitzenmusiker aus allen Erdteilen buchstäblich auf der Bühne direkt vor dem Regenwald zusammenbringt. Hotelbuchungen in Santubong sind Monate vorher notwendig, z. B. im 500 m vom Cultural Village entfernten *Damai Beach Resort (Tel. 082/84 69 99 | www.damai beachresort.com | €€€).*

LONGHOUSE
RIVER SAFARI ★ [118 C–D5]
Lokale Reiseagenturen organisieren Ausflüge zu den Langhäusern der Iban. Dazu geht es in den *Batang Ai National Park*: zunächst mit dem Bus (ca. 4–5 Stunden) nach *Lubok Antu* und von dort mit dem Boot weitere 2–3 Stunden zum Bestimmungsort. Der Nationalpark liegt nicht weit von der indonesischen Grenze entfernt. Seine Flora und Fauna gehören zu den reichhaltigsten des tropischen Regenwaldes. Hier leben noch kleine Gruppen von Orang Utans und Nashornvögel.

Die Iban sind sehr gastfreundlich, führen Tänze vor, bieten Korbwaren und andere Kunsthandwerkprodukte an. Der *Tuak* (Reiswein) ist nur in kleineren Mengen zu empfehlen. Unterkunft in einem der Langhäuser und alle anderen Arrangements organisiert das Visitors' Information Centre in Kuching *(s. Auskunft)* oder eine lokale Reiseagentur. Sie können aber auch direkt das komfortable *Hilton Batang Ai Longhouse Resort* buchen *(100 Zi. | Tel. 083/58 43 88 | Fax 58 43 99 | www.hilton.com | €€€).*

SEMENGGOH ORANG-UTAN
SANCTUARY [118 B5]
Von Kuching aus erreichen Sie nach etwa 45 Min. Fahrt das Auswilderungszentrum, in dem Orang-Utan-Weibchen Affenkindern, die zu Waisen wurden, das Leben in der Wildnis beibringen. Ihre erste Anlaufstation ist das *Forestry Department Research Centre* in Semengoh, wo Sie

Lebendiges Museum: Im Cultural Village wohnen verschiedene Volksgruppen Sarawaks

SARAWAK

RM 3 bezahlen müssen, um zur 1975 eröffneten Station zu kommen. Dort können Sie die Tiere aus der Nähe beobachten. *Tgl. 8–12.45 u. 14–16.15 Uhr, Fütterungszeiten 8.30–9 u. 15–15.15 Uhr*

MIRI

[119 E2] **Wochenende in Miri: Auffallend viele Autos haben ein Brunei-Nummernschild. Die Märkte und Einkaufszentren sind betriebsam, die Nächte in den Bars und Nachtclubs enden im Morgengrauen.**

Miri (167 500 Ew.) ist das „Sündenbabel" für Besucher aus dem angrenzenden, prüden Brunei. Auch die Arbeiter aus den Holzfällercamps und von den Ölplattformen vor der Küste kommen zum Einkaufen und Vergnügen. Die erste Ölquelle Sarawaks sprudelte 1910 auf Miris Hausberg *Canadahill*. Sie können zum alten ❋ Bohrturm, zur *Grand Old Lady*, hinauffahren, um Stadt und Land zu überblicken. Das Zentrum mit seinen ausdruckslosen Hochhäusern und mehrspurigen Verkehrsadern ist eingekeilt zwischen Canadahill und Südchinesischem Meer. Fahren Sie zum Sonnenuntergang umsonst mit der Fähre von der *Jalan Kubu* zur Insel zwischen Miri-Fluss und Meer hinaus und schlendern Sie über den extrem langen, 1971 von Shell erbauten ❋ Pier *(Long Jetty)*. Stimmungsvoll wirkt auch die *Jalan Bandahara* im ältesten Stadtteil am Fluss um den alten Chinesentempel und den Fischmarkt.

Flugverbindungen nach Miri gibt es von Bandar Seri Begawan (Brunei) aus, Kota Kinabalu, Kuching, Mulu und Bareo.

■ SEHENSWERTES

TAMU MUHIBBAH

Haben sie den *Pasar Minggu* in Kuching verpasst, dann ist der große, überdachte Markt am Stadtrand ein Trostpflaster. Im hinteren Teil der Halle bieten Menschen der verschiedenen ethnischen Gruppen aus den Dörfern der Umgebung ihre Spezialitäten aus dem Urwald feil – unter anderem Sago-Würmer und Flusskrebse. *Tgl. 8–18 Uhr | Jalan Puchong* [Insider Tipp]

■ ESSEN & TRINKEN

Mee kolok ist eine Nudelspezialität, die Sie probieren sollten und die in jedem chinesischen Restaurant oder *coffee shop* angeboten wird.

APOLLO SEAFOOD

Das beliebte Fischrestaurant liegt direkt im Zentrum. Sie wählen Fische und Krabben aus und lassen sie gegrillt oder gedünstet zubereiten. *Tgl. 17.30–23 Uhr | Jalan Yu Seng Selatan 4 | €€*

RESTAURANT ASEANIKA & CATERING

Bietet excellente *roti* (Brotfladen) und vorrangig indonesische Küche. *Jalan Oleander | €*

■ EINKAUFEN

Im *Heritage Centre (Jalan Merbau | Tel. 085/41 02 80)* verkaufen die verschiedenen ethnischen Gruppen ihre Handarbeiten. Gelegentlich finden auch Tanzvorführungen statt.

Der *Tamu Khas Markt* gegenüber dem Visitors Information Center bietet Kunsthandwerk, aber auch Obst, Bergreis oder Dschungelfarne. Früchte finden Sie im *Pelita Seaso-*

MIRI

nal Fruit Centre *(Pelita Commercial Centre | Jalan Cosmos)*. Daneben gibt es eine Reihe moderner Einkaufszentren, z. B. *Soon Hup Commercial Complex (Bintang Plaza)*.

■ ÜBERNACHTEN

PARK HOTEL

In vortrefflicher Lage gleich neben dem Visitors Centre und dem Busbahnhof ist dieses große Hotel der Mittelklasse die perfekte Basis. Die 150 Zimmer sind geräumig, komfortabel und voll ausgestattet. *Jalan Raja | Tel. 085/41 45 55 | Fax 41 00 03 | €*

RIHGA ROYAL

Das 2 km südlich vom Zentrum gelegene Righa bietet großzügige Zimmer, vorwiegend mit Blick aufs Meer, eine gepflegte Gartenanlage mit großem Pool und Fünf-Sterne-Infrastruktur. *225 Zi. | Jalan Temenggong Datuk Oyong Lawal | Tel. 085/42 11 21 | Fax 42 10 99 | www.rihgamiri.com | €€€*

■ AM ABEND

Miris älteste Bar, der *Labuan Pub*, ist noch immer populär *(Jalan Sim Cheng Kay)*. *Chaplin's* ist ein klassischer Pub mit freundlichem Personal *(Jalan Miri Pujut, Pelita Commercial Centre)*. Weitere beliebte Lokale um das Pelita sind *Other Office* und *Cherry Berry's* (mit Livemusik). Neben dem Rihga Royal Hotel gibt sich das *Rigs* trendig und ist besonders an den Wochenenden voll. Die *Flags Bar* im Hotel bietet täglich eine Happy Hour mit günstigen Cocktails zwischen 17 und 21 Uhr.

Das 2. Mai-Wochenende ist jedes Jahr ein fester Termin für Jazzfreunde: Dann bringt das ▶▶ *Miri International Jazz Festival (Tickets Tel. 032/241 99 99 | www.mirijazzfestival.com)* regional und international bekannte Jazzmusiker auf die Bühne des *Pavilion (Park City Everly Hotel | Eintritt RM 60 pro Abend)*.

■ AUSKUNFT

VISITORS INFORMATION CENTRE

Jalan Melayu | Lot 452 | Tel. 085/43 41 81 | am südlichen Ende des Stadtzentrums

Organisierte Touren bietet z. B. Borneo Adventure *(Main Bazaar 55 | Tel. 082/24 51 75 | Fax 42 26 26 | www.borneoadventure.com)* an.

> WAISENKINDER
Orang-Utan-Junge brauchen lange Hilfe

Auf Borneo und Sumatra leben die einzigen Primaten außerhalb Afrikas. Orang-Utan bedeutet in der Sprache der Einheimischen „Waldmensch". Orang-Utan-Mütter bekommen immer nur ein Kind, das sie fünf bis sieben Jahre lang großziehen. Wird eine Mutter von Holzfällern oder Bauern zu panischer Flucht veranlasst, lässt sie ihr Kind manchmal allein zurück. Diese Waisen müssen – so will es das Gesetz – in Auswilderungszentren gebracht werden. Dort lehren Adoptivmütter sie das Leben in der Wildnis. Doch viele Affenbabys werden nach Taiwan verkauft. Dort sind sie als Haustiere begehrt.

SARAWAK

■ ZIELE IN DER UMGEBUNG ■

BAREO HOCHLAND [119 F2]

Auf dem weitgehend unerschlossenen Hochland, das sich im Nordosten Sarawaks auf rund 1200 m Höhe bis zur indonesischen Grenze ausdehnt, ist noch wenig vom Tourismus zu spüren. Die Anreise mit kleinen Propellermaschinen von Miri *(tgl. | RM 70 einfach)* muss aber mindestens eine Woche im Voraus gebucht werden!

Der kleine Hauptort *Bareo* (160 km südöstlich von Miri) liegt in einem herrlichen Tal des Kelabit-Hochlands. In der Umgebung locken unberührte Bergwälder zu gemütlichen Tagesausflügen oder zu anspruchsvollen Trekkingtouren, die nur in Begleitung eines lokalen Führers zu machen sind. Lokale Reiseagenturen bieten 5- bis 8-tägige Touren an *(ab RM 600)*. Sie organisieren auch die für den Besuch notwendige Genehmigung. Mehr Informationen über das Hochland und zu möglichen Ausflugstouren finden Sie auf *www.kelabit.net*.

GUNUNG MULU
NATIONAL PARK ★ [119 F2]

Im 529 km² großen Mulu-Nationalpark *(www.mulupark.com)*, 120 km östlich von Miri, sind die Kalksteinmassive *Gunung Api* (1750 m) und *Gunung Benarat* (1585 m) durchlöchert wie ein Schweizer Käse. Bis heute wurden 26 Haupthöhlen und diverse Nebensysteme entdeckt – unter anderen die *Sarawak Chamber*, die größte natürliche Höhlenkammer der Welt (600 m lang, 450 m weit und 100 m hoch). Seit 1985 sind vier Schauhöhlen für Touristen zugänglich. Die einzig praktische Anreise ist mit Kleinflugzeugen der Malaysia Airlines von Miri aus *(dreimal tgl. | RM 69 einfach)*. Frühzeitig buchen, da die Maschinen meist voll sind!

Schön monströs: Regenwaldblüte

Die Unterkünfte *(€)* der Parkverwaltung sind sehr spartanisch. Man kann im Visitors Information Centre in Miri reservieren. Bedeutend besser ist das 2 km vom Parkzentrum entfernt gelegene *Royal Mulu Resort (188 Zi. | Tel. 085/79 01 00 | Fax 79 01 01 | www.royalmuluresort.com | €€€)*. Man sollte den Ausflug in den Nationalpark über eine Reiseagentur buchen *(eine Nacht ab RM 300, Flug inklusive)*. Mitzunehmen sind Schuhe mit gutem Profil, Taschenlampe und Regenschutz. Vom Parkzentrum (hier werden auch Permits ausgestellt) führt ein 3 km langer Holzsteg durch den Regenwald zur *Lang's Cave*, einer Höhle voll herrlicher Tropfsteingebilde *(14–16 Uhr beleuchtet)*. Geht die Sonne unter, fliegen ==mehrere Millionen von winzigen Fledermäusen== aus der benach-

MIRI

barten *Deer Cave* ins Freie *(ca. 17.30–18.30 Uhr)*. Durch die imposant große, unbeleuchtete Höhle gelangt man zum Hinterausgang, wo sich der *Garden Eden,* ein geschütztes tropisches Tal, auftut. Die meisten Besucher fahren am folgenden Tag auf dem Melinau-Fluss zur *Wind Cave,* die voller bizarrer Tropfsteine ist *(beim Parkzentrum buchen, für RM 85 pro Boot).* Ein kurzer Spaziergang führt weiter zur *Clearwater Cave,* bei der aus dem Fels quellendes Wasser einen glasklaren Badeweiher füllt. Auf dem Rückweg stoppen die Boote für eine Stippvisite beim neueren Penan-Langhaus *Batu Bungan.* Frauen bieten dort handgemachte Armreifen und Matten an. Die Atmosphäre ist bedrückend: Die Regierung hat die Penan hier zwangsangesiedelt.

Man kann beim *Adventure Caving* die Höhlensysteme weiter erkunden, auch den *Gunung Mulu* besteigen (2371 m, anspruchsvoll, nur für geübte Wanderer!) oder zu den ☼ *Pinnacles* wandern. Letztere sind messerscharfe, bis 45 m hochragende Kalksteinspitzen am Gunung Api, die in Jahrmillionen durch Erosion entstanden sind. Abenteuer total verspricht der 5-tägige *Headhuntertrail* auf den Spuren der Kayan von Mulu nach Limbang. *Touren organisiert: MM Adventure Services (Eco-Tourism Company) | Tel. 03/41 46 12 42 | Fax 03/42 95 91 12 | mmadventure@gmail.com | www.mmadventure.com*

Insider Tipp

LABUAN [119 F1]
Die Zentralregierung in Kuala Lumpur baut die kleine Insel vor Brunei als internationales Offshore-Zentrum und als Sitz der Öl- und Gasfördergesellschaften auf. An den Wochenenden stürzen sich Vergnügungslustige aus Brunei und von den Förderplattformen vor der Küste hier ins Nachtleben der steuerfreien Zone.

LAMBIR HILLS NATIONAL PARK [119 E2]
Die bewaldeten Sandsteinhügel südlich von Miri sind an Wochenenden ein beliebtes Ausflugsziel. Es gibt keine spektakulären Naturmonumente aber, dafür eignet sich das Naturschutzgebiet hervorragend für leichte Wanderungen im Regenwald. Das Parkzentrum *(tgl. 8–17 Uhr | Tel. 085/49 10 30 | Eintritt RM 10)* liegt 32 km von Miri entfernt und verfügt über eine Kantine, ein Informationszentrum und ein paar einfache Unterkünfte *(€)*. In Miri buchen! Die meisten Besucher schlendern nur bis zu den 15 Min. entfernten *Latak-Wasserfällen,* wo man im natürlichen Pool schwimmen kann. Weiter führt der Pfad zu einem 40 m hohen ☼ Aussichtsturm und dann in 3,5 Stunden steil bergan auf den 465 m hohen ☼ *Bukit Lambar.* Es gibt zahlreiche Alternativrouten, etwa die weniger anstrengenden Wanderungen zum *Nibong-Wasserfall* (2 Stunden) oder zum *Pantu-Wasserfall* (1,5 Stunden). Karten erhält man beim Parkzentrum. Nehmen Sie Trinkwasser mit! Die Lokalbusse von Miri in Richtung *Bintulu* und *Batu Niah* stoppen nahe beim Parkeingang.

NIAH CAVES NATIONAL PARK [119 E2]
Die Sensation war perfekt, als Archäologen 1958 einen rund 37 000 Jahre alten Schädel in den Niah-Höhlen fanden. Bis dahin war angenom-

SARAWAK

men worden, die südostasiatische Bevölkerung sei viel jünger. Auch Töpfe, Steinwerkzeug, Gräber und 1000 Jahre alte Wandmalereien haben die Höhlenbewohner hinterlassen.

Chinesen ist Niah ein Begriff, weil aus diesen Höhlen Vogelnester für ihre berühmte Suppe kommen. Bei schönem Wetter kehren am Abend aber nur in Begleitung eines Führers besichtigen.

Von Miri fahren Busse *(Tel. 085/ 43 43 17)* in 2 Stunden nach *Batu Niah* (70 km). Im Ort gibt es mehrere Restaurants, von der Anlegestelle fahren Boote zum Parkzentrum *Pangkalan Batu.* Hier gibt es die Permits *(RM 10 pro Boot).* Man kann

Taschenlampe nicht vergessen: Im Niah Cave National Park geht's in den Untergrund

rund 4 Mio. Salanganen (Seglervögel) in das weit verzweigte Höhlensystem zurück, während viermal so viele Fledermäuse hinausfliegen. Die imposante *Great Cave* ist über einen Holzsteg durch den Primärwald erreichbar (ca. 1 Stunde). Durch die Haupthöhle gelangt man in einer halben Stunde zur *Kain Hitam-Höhle* mit den prähistorischen Wandmalereien; diese *Painted Cave* kann man auch 45 Min. den Fluss entlanggehen oder ein Taxi nehmen.

Der Park hat ein Informationszentrum, einen Laden, eine Kantine, Schlafsäle und hübsche Bungalows, in denen Sie die Nacht verbringen können *(35 Zi. | Tel. 085/73 74 50 | Fax 73 74 54 | €€).* Für die Besichtigung der Höhlen braucht man eine starke Taschenlampe, Schuhe mit gutem Profil und Trinkwasser.

> LAND UNTER DEM WIND

Der faszinierende Mount Kinabalu und Nationalparks dominieren die Landkarte Sabahs

> Die Natur begeistert im zweitgrößten Staat Malaysias (73 620 km²) – die extrem vielfältige Vegetation beim Aufstieg auf den höchsten Gipfel Südostasiens, Mount Kinabalu (4101 m), der Urwald im Danum Valley und die Tierwelt in den Reservaten: Nasenaffen, Orang-Utans, Nashornvögel und Riesenschildkröten.

In den faszinierenden Nationalparks Sabahs *(www.sabahtravelguide.com)* wird deutlich, wie schwierig es ist, diese Natur zu erhalten. In den letzten 100 Jahren musste der Regenwald Reisfeldern, riesigen Palmölplantagen und der Holzindustrie weichen. Heute werden Rehabilitationsprogramme für Flora und Fauna und Strategien für eine naturgerechte Nutzung des Waldes erarbeitet.

Die Bevölkerung (2,9 Mio.) setzt sich zusammen aus 32 offiziel registrierten ethnischen Gruppen, die größte ist die der Kadazan (18%). Das *Erntedankfest* im Mai ist eine gute

Bild: Mount Kinabalu

SABAH

Gelegenheit, die Kultur der verschiedenen Gruppen kennen zu lernen.

KOTA KINABALU

[121 D2] **Als die Japaner während des Zweiten Weltkriegs Borneo angriffen, wurde Kota Kinabalu (305400 Ew.) dem Erdboden gleichgemacht.** Das damalige Jesselton ist recht uninspiriert wieder aufgebaut und nach dem Mount Kinabalu benannt worden, der die Stadt im Hintergrund überragt. Das Stadtzentrum konzentriert sich auf den schmalen Streifen zwischen Küste und ☀ *Signal Hill* (Bukit Bendera). Von dessen Aussichtspunkt sind die vorgelagerten Inseln und die *Likas Bay* zu überblicken.

Reizvoll ist in den Morgenstunden ein Spaziergang zum *Central Market* und zum benachbarten *Fischmarkt*

KOTA KINABALU

an der Jalan Tun Fuad Stephens. Den Sonnenuntergang genießen Einheimische am südlichen ☼ *Tanjung Aru Beach*, an dem sich etliche Lu-

■ ESSEN & TRINKEN ■
DEVI'S CAFE & CURRY HOUSE
Gute indische Küche, hervorragende *roti* (Brotfladen) zum Frühstück und

„Street fashion" im wahrsten Sinn des Wortes: Straßenschneider in Kota Kinabalu

xusresorts und viele Strandrestaurants reihen. *www.kotakinabalu.com*

■ MUSEUM ■
SABAH MUSEUM
Lokale Kultur, Geschichte, Flora und Fauna, Archäologie und Ethnografie sind die Hauptthemen des interessanten Museums. Eine Galerie zeigt Werke zeitgenössischer Maler, im Park stehen Nachbauten traditioneller Häuser. Das angeschlossene *Science Centre* bietet eine informative Ausstellung über die Ölindustrie. *Sa–Do 9–17 Uhr | Jalan Muzium | Tel. 088/25 31 99 | Eintritt RM 15 | www.mzm.sabah.gov.my*

Essen vom Bananenblatt. *Do–Di 7–22, Mi ab 17 Uhr | Lot 18, Blk 3, Ground Floor, Api-api Centre | Tel. 012/387 38 07 | €*

KEDAI COPY CITY
Einfaches Restaurant mit guter lokaler Küche. *Jalan Gaya | €*

THE MOON BELL
Klassische nordchinesische Küche. *Tgl. 11–22.30 Uhr | 33, Jalan Haji Saman | Tel. 019/861 16 05 | €–€€*

SRI DELIMA (HOTEL RUBY)
Das einfache, saubere Restaurant soll den besten *assam ikan* (gedämpfter

> *www.marcopolo.de/malaysia*

SABAH

Fisch in Tamarindensauce) von Kota Kinabalu servieren. *Tgl. 7.30–22 Uhr | Block 36, Jalan Laiman Diki 17 | Tel. 088/21 33 61 | €*

■ EINKAUFEN

Interessante Märkte sind der *Filipino Market (tgl. 10–21 Uhr | Kota Kinabalu Handicraft Center | Jalan Tun Fuad Stephens)* und der *Gaya Straßenmarkt (So ab 8 Uhr | Gaya Street)*. Im Bereich der Märkte finden Sie kleine Restaurants mit köstlichen Gerichten. Das größte Einkaufszentrum ist *Centerpoint Saba (tgl. 10–21 Uhr | Ecke Lebuh Raya Pantai Baru und Jalan Duapuloh)*.

■ ÜBERNACHTEN

CAPITAL HOTEL
Preiswertes Mittelklassehotel ohne großen Komfort. Coffeeshop. *102 Zi. | Jalan Haji Saman | Tel. 088/23 19 99 | Fax 23 72 22 | €–€€*

JESSELTON *(Insider tipp)*
Das älteste Hotel Sabahs (1954) hat sein koloniales Ambiente bewahrt. *coffee shop* und *candlelightrestaurant (€€–€€€). 32 Zi. | 69, Jalan Gaya | Tel. 088/22 33 33 | Fax 24 04 01 | www.jesseltonhotel.com | €€€*

SHANGRI-LA TANJUNG ARU RESORT
Fünf-Sterne-Hotel am gleichnamigen Strand mit Garten, Pool und Sportmöglichkeiten. *500 Zi. | Tel. 088/ 22 58 00 | www.shangri-la.com | €€€*

■ FREIZEIT & SPORT

Der *Likas Sport Complex* am Stadtrand hat ein 50-m-Schwimmbecken und ein Fitnesszentrum. Im *Shangri-La Tanjung Aru Resort* gibt es ein Wassersportzentrum. Trekkingtouren organisieren Agenturen wie *Borneo Eco Tours (Lot 1, Pusat Perindustrian | Tel. 088/43 83 00 | www.borneoecotours.com)*, Tauch- und Schnorcheltrips z. B. *Borneo Divers and Sea Sports (53, Jalan Gaya | Tel. 088/22 22 26 | ww.borneodivers.info)*

■ AM ABEND

Die Fun Pubs in den großen Hotels (z. B. *KK's* im Sutera Harbour, *Blue Note* im Tanjung Aru Beach Resort oder *Shenanigan'* im Hyatts) bieten häufig Live-Bands. Die *Beach Street* ist voller Restaurants, Cafés und Bars.

■ AUSKUNFT

TOURISM MALAYSIA SABAH OFFICE
Jalan Sagunting 1 | Tel. 088/ 24 86 98 | Fax 24 17 64

MARCO POLO HIGHLIGHTS

★ Gipfelbesteigung
Besteigen Sie den Mount Kinabalu, den mit 4101 m höchsten Berggipfel in Südostasien (Seite 88)

★ Sepilok Orang Utan Sanctuary
Hier erlernen Orang-Utan-Waisen alles Wissenswerte für ein selbstbestimmtes Affenleben (Seite 91)

★ Tamu (Markttag)
Gemischtwarenmärkte in Tuaran, Kota Belud, Tamparuli und Beaufort voller Düfte, Farben und Menschen (Seite 86)

★ Turtle Islands
Seien Sie unauffälliger Zeuge einer Schildkrötengeburt (Seite 91)

KOTA KINABALU

Infos über Nationalparks: *Sabah Parks (Sinsuran Shopping Complex | Jalan Tun Fuad Stephens | Tel. 088/21 18 81 | Fax 22 10 01 | www.sabahparks.org.my)*. Zimmerreservierung in den Parks: *Sutera Sanctuary Lodges (EG, Lot G15, Wisma Sabah | Tel. 088/24 36 29 | Fax 25 95 52 | www.suterasanctuarylodges.com.my)*.

■ ZIELE IN DER UMGEBUNG ■

BAHNFAHRT VON BEAUFORT
NACH TENOM [120-121 C-D3]

Die Kleinstadt *Beaufort*, 100 km südlich von Kota Kinabalu, ist Ausgangspunkt für eine Zugfahrt durch die Schlucht des Padas-Flusses nach Tenom, die Metropole der Muruts, die in den Langhäusern der Region leben. Nach einem Unfall im Mai 2008 wurde die Strecke geschlossen, die Bahn soll aber Anfang 2009 wieder fahren *(Auskunft: Beaufort Tel. 087/21 15 18 | Tenom Tel. 087/73 55 14)*. Im 14 km entfernten *Lagud Seberang* liegt der botanische Garten des *Sabah Agricultural Park (Di–So 9–17.30 Uhr | Eintritt RM 25 | www.sabah.net.my/agripark)*. 1 km von Tenom entfernt liegt das ❋ *Hotel Perkasa* mit Restaurant *(63 Zi. | Tel. 087/73 58 11 | Fax 73 61 34 | €–€€)*.

Mit dem Minibus (RM 9), dem Bus (RM 10) (Abfahrt vom Busterminal gegenüber der Staatsbibliothek) oder dem Taxi (RM 20/Pers.) dauert eine Fahrt nach Beaufort ca. 1,5 Stunden

TAMBUNAN RAFFLESIA
CONSERVATION CENTER [121 D2]

In der Crocker Range, 60 km südwestlich von Kota Kinabalu, finden Sie die *Rafflesia*, die größte Blume der Welt. Auf geführten Touren durch den Dschungel erleben Sie die Blume in ihrer natürlichen Umgebung. Sie riecht sehr streng! Wenn Sie länger im Waldreservat bleiben wollen, übernachten Sie im *Tambunan Village Resort (40 Zi. | Tel./Fax 07/77 40 76 | http://tvrc.tripod.com | €–€€)*. Besonders schön ist der Blick über die Reisfelder in der Nähe des Dorfes Sinsuron. *Tgl. 9–17 Uhr | an der Kota Kinabalu – Tambunan Autobahn | Minibus ca. 45 Min. (RM 10, Abfahrt am Busterminal in Kota Kinabalu gegenüber der Staatsbibliothek)*

TAMU
(MARKTTAG) ★ [120-121 C-D 2-3]

An jedem Wochentag ist in einem der Dörfer der Gegend Markttag. Der größte in Sabah ist sonntags in *Kota Belut*, etwa 70 km nordöstlich von Kota Kinabalu. Einmal im Jahr gibt es hier im September den *Tamu Besar*, ein kulturelles Ereignis mit Wettkämpfen, Reitervorführungen, Tänzen und anderen kulturellen Darbietungen neben dem üblichen Marktgeschehen. Sogar eine Schönheitskönigin wird gewählt. *Infos im Touristbüro in Kota Kinabalu*

TUANKU ABDUL
RAHMAN PARK ❋ [121 D2]

Der Tunku Abdul Rahman National Park *(Eintritt RM 10)* umfasst die fünf Inseln Gaya, Sapi, Manukan, Mamutik und Sulug. Von Kota Kinabalu erreichen Sie die Inseln mit dem Boot in nur 20 Minuten. Mit ihren Waldbeständen und Mangroven, den weißen Sandstränden und einer intakten Unterwasserwelt laden sie zum Schnorcheln, Tauchen, Windsurfen, Kajakfahren und Jungletrekking ein.

SABAH

Gaya, die größte der fünf Inseln, ist noch großteils mit ursprünglichem Regenwald bedeckt. Baden und Schnorcheln bietet sich an der *Bulijong Bay (Police Beach)* auf der Nordseite an, ein schöner Sandstrand, der allerdings nicht immer ganz sauber ist. Am Ufer der Kota Kinabalu zugewandten Seite liegt das komfortable *Gayana Island Eco Resort (44 Zi. | Tel. 088/44 22 33 | Malohom Bay | www.pinganchorage.com.my/malaysia_hotel/kota_kinabalu_gayana_island_resort.htm)* direkt am Strand.

Von Gaya aus können Sie bei Ebbe zur Nachbarinsel *Sapi* laufen und mit Erlaubnis der Parkwächter zelten. *Sulug* mit ihren schönen Korallenriffen ist die am wenigsten besuchte, *Pulau Manukan* mit der Hauptverwaltung des Parks die am meisten besuchte Insel. Auf *Mamutik*, der kleinsten und am nächsten zu Kota Kinabalu gelegenen Insel, können Sie Taucher- und Schnorchelausrüstung leihen.

Alle Informationen über den Nationalpark und die Inseln über *Sabah Park (Tel. 08/821 18 81)*. Die *Sutera Sanctuary Lodges (Tel. 088/24 36 29 | Fax 25 95 52 www.suterasanctuarylodges.com)* vermitteln weitere Übernachtungsmöglichkeiten.

MOUNT KINABALU

[121 D2] **Den Kadazan ist Mount Kinabalu als Sitz der Seelen der Ahnen heilig.** Der Aufstieg zum Gipfel *Low's Peak* auf 4101 m ist ziemlich anstrengend und dauert mindestens zwei Tage. Lohn der Mühe ist ist die faszinierende

Ganz nah dran am tropischen Paradies: Traumstrand auf der kleinen Insel Sapi

MOUNT KINABALU

Flora und Fauna der Bergwelt und das unvergessliche Erlebnis des Sonnenaufgangs auf dem Berggipfel.

Mehr als die Hälfte der Pflanzen im *Mount Kinabalu National Park (Tel. 08/888 93 33)* gibt es nirgendwo sonst auf der Welt. Das Zentrum des Parks (754 km²), Ausgangspunkt für den Aufstieg, liegt auf 1558 m. *Minibus zum Parkzentrum: ab 8 Uhr jede Stunde am Merdeka Platz in Kota Kinabalu (83 km, 2 Std.) RM 15–20 | www.mount-kinabalu-borneo.com*

■ SEHENSWERTES
GIPFELBESTEIGUNG ⭐

Im Parkzentrum – mit *Mountain Garden* voll typischer regionaler Blumen und *Exhibition Centre (Diavorträge Mo–Fr um 14 Uhr, Sa/So um 19.30 Uhr | Eintritt RM 2)* – werden Permits für den Aufstieg ausgestellt *(RM 100, Eintritt RM 15, RM 70 für den obligatorischen Führer)*. Mitzunehmen sind warme Kleidung, Taschenlampe und Handschuhe (in Kota Kinabalu erhältlich).

Die reine Wanderzeit nach *Laban Rata*, wo übernachtet wird, beträgt 4–5; der Aufstieg zum Gipfel 2–3 Stunden. Nach dem *Carson's-Wasserfall* führt der Pfad durch einen märchenhaft knorrigen Nebelwald voller Flechten und Moose.

Auf 2651 m Höhe erreicht man die Carson's-Schutzhütte – Halbzeit und Mittagspause. Nun wird das Gelände felsig; ❆ nahe dem fünften (2896 m) und sechsten Unterstand (3109 m) gibt es Aussichtspunkte. Im November bedecken weiß blühende Orchideen den Granit. Der Gipfelaufstieg beginnt um 2 oder 3 Uhr nachts. Am Berg montierte Seile helfen, den Weg durch die Dunkelheit zu finden.

■ ESSEN & TRINKEN

Das Parkzentrum hat ein Restaurant und eine Cafeteria (€). Verpflegung für den Aufstieg verkauft der Laden im Hauptquartier.

■ ÜBERNACHTEN

Übernachtungen müssen Sie bei *Sutera Sanctuary Lodges (Tel. 088/ 24 36 29 | Fax 25 95 52 | www.suterasanctuarylodges.com.my)* im Voraus buchen und bezahlen. Frühzeitig reservieren muss man an Wochenenden und in den Monaten April, Juli, Aug. und Dez. – am besten durch eine lokale Reiseagentur. Im Park-

Dschungeltrip: Poring Hot Springs

SABAH

zentrum gibt es *Chalets für 2–8 Pers. (28 Zi. | €€–€€€) und Schlafsäle (€)*.

■ ZIEL IN DER UMGEBUNG

PORING HOT SPRINGS [121 D2]
Insider Tipp

In den heißen, schwefelhaltigen Bädern, 43 km vom Parkzentrum, können Sie toll entspannen; *(Bus 24 km bis Ranau, dann Taxi; Eintritt RM 15)*. Auf dem *Canopy Walkway*, einem 140 m langen System von Hängebrücken, erkunden Sie die Baumkronen des Regenwalds *(tgl. 6.30–18.30 Uhr)*. Markierte Wanderwege führen zu Wasserfällen, Höhlen, zum *Orchideengarten* und zur *Schmetterlingsfarm*. Unterkunft muss über *Sutera Sanctuary Lodges (s. Übernachten)* gebucht werden, ebenso die Unterkunft im *Old Cabin (3 Zi. | €–€€)*, *New Cabin (2 Zi. | €)* oder in Hostels mit Schlafsälen *(64 Betten | €)*. Einfache Restaurants sind vorhanden.

SANDAKAN

[121 E2] Sandakan (275 300 Ew.) zieht sich auf einem schmalen Landstreifen zwischen Sulusee und den umliegenden Hügeln in die Länge. Im Zentrum um den *Pasar Besar* geht es am frühen Morgen lebhaft zu, wenn Fischerboote direkt hinter der Markthalle anlegen. Sonst ist Sandakan eher ruhig. Östlich vom Zentrum lebt die muslimische Gemeinde im Wasserdorf *Kampung Buli Sim Sim*. In der Nähe steht die *Sandakan Moschee.* Wer ein Taxi zum chinesischen ☼ *Puu Jih Shih Temple* nimmt, kann die Bucht von Sandakan überblicken. Flugverbindungen bestehen mit Kota Kinabalu und Tawau; die Busfahrt nach Kota Kinabalu dauert 7–8, zum Mount Kinabalu National Park 4–5 Stunden. Mehrmals wöchentlich Fähren zu den Philippinen *(8 Std. | Auskunft Tel. 089/21 20 63)*.

■ ESSEN & TRINKEN

TRIG HILL ☼
Insider Tipp

Terrassenrestaurant auf dem Hausberg mit Blick über die Bucht, dazu frische Meeresfrüchte oder *steamboat*. Nehmen Sie ein Taxi, der Wirt organisiert den Rückweg. *Tgl. 18–1 Uhr | Bukit Benderah | €€–€€€*

■ ÜBERNACHTEN

RAMAI
Neueres Hotel etwas außerhalb, nahe den Fährdocks zu den Philippinen. *55 Zi. | Tel. 089/27 32 22 | Fax 27 18 84 | Jalan Leila | €–€€*

SABAH
Sandakans einziges Hotel mit internationalem Standard. Park, Pool, Restaurants. *108 Zi. | Tel. 089/21 32 99 | Fax 27 12 71 | www.sabahhotel.com.my | Jalan Utara | €€–€€€*

SANDAKAN
Ein zentral gelegenes Mittelklassehotel. *105 Zi. | 4th Avenue | Tel. 089/22 11 22 | Fax 22 11 00 | www.hotelsandakan.com.my | €€*

■ AM ABEND

Außer den Bars in den Hotels und einigen schummrigen Karaokeschuppen hat Sandakan an Abendunterhaltung nicht viel zu bieten.

■ AUSKUNFT

TOURIST INFORMATION CENTRE
Tel. 089/22 97 51, gegenüber der Stadtverwaltung

SANDAKAN

ZIELE IN DER UMGEBUNG

DANUM VALLEY [121 E3]

Im Forschungszentrum im uralten, 438 km² großen Danum Valley studieren Wissenschaftler den Regenwald. Die Gewinne der luxuriösen *Borneo Rainforest Lodge (23 Zi. | Tel. 018/ 529 80 33 | www.borneorainforest lodge.com | €€€ | Reservierungen nur über eine der Agenturen)* fließen ins Forschungszentrum. Es gibt 50 km markierte Wege und Lehrpfade, Aussichtstürme und nächtliche Jeepfahrten zur Tierbeobachtung. Voranmeldung ist obligatorisch.

Von Sandakan, Kota Kinabalu und Tawau gibt es Flüge zum Ausgangspunkt *Lahad Datu.* Zwei Nächte in der Lodge, inkl. Mahlzeiten und Touren, kosten ca. RM 1300 *(Buchung: Borneo Nature Tours | Fajar Centre | Tel. 089/88 02 07 | Fax 99 50 51 | www.borneonaturetours.com).*

GOMANTONG CAVE [121 E3]

Abertausende von Salanganen nisten in den Kalksteinhöhlen 32 km südlich von Sandakan. Vogelnestsammler klettern Leitern und Stangen hoch *(Feb.–Aug.)*, um die wichtigste Zutat für die berühmte Suppe zu ernten. Die Höhlen sind nicht mit öffentlichen Verkehrsmitteln zu erreichen. Taschenlampe mitnehmen! *Tgl. 8–17 Uhr | Eintritt RM 30*

KINABATANGAN RIVER SAFARI [121 E3]

Das Städtchen *Sukau* [121 E2], ca. 100 km südöstlich von Sandakan, ist der Ausgangspunkt für die Erkundung von Sabahs längstem Fluss (560 km). Für die Fahrt von Sandakan nach Sukau nehmen Sie einen der Vans an der *Jalan Pryer (2,5 Std. | RM 110).* Das Tourist Information Centre informiert über Tourveranstalter: Sie müssen mindestens einmal in Sukau übernachten, z. B. in der einfachen, malerisch am Fluss gelegenen *Sukau Tomanggong Riverview Lodge (10 Zimmer | Tel. 08/923 55 25 | Fax 08/923 55 26 | www.sukaulodge.com | €€).* Ein mit dieser Lodge gebuchtes Paket *(Fahrt von Sandakan nach Sukau und zurück, 1 Übernachtung, Vollverpflegung und Flussfahrt)* kostet RM 420. Entgehen lassen sollte man sich das Erlebnis auf keinen Fall, denn das Gebiet gehört zu den wildreichsten Malaysias. Am Morgen und späten Nachmittag kann man sogar die skurrilen Nasenaffen beobachten, die nur auf Borneo vorkommen.

PULAU SIPADAN [121 F3]

Vor der Insel Sipadan im Südosten, rund 36 km vom Küstenort Semporna entfernt, fallen üppig bevölkerte Korallenriffe steil ins Meer ab. Das Gebiet zählt zu den schönsten Tauchgebieten der Welt *(internatio-*

> LOW BUDGET

> Die *D'villa Rina Ria Lodge* [121 D2] liegt am Rand des Kinabalu Parks und gehört zur Billig-Hotelkette Tune Hotels. *9 Zi., 1 Schlafsaal | Km 53, Jalan Tinompok | Ranau | Tel. 088/ 88 92 82 | Fax 088/88 88 98 | www.dvillalodge.com*

> Das spannende *Water Rafting* auf dem Kiulu-Fluss [121 D2] kostet nur RM 150– 200 (Tagestour). Ausgangspunkt ist das schöne Dorf Kiulu etwa 1,5 km nördlich von Kota Kinabalu. Geeignet auch für Kinder.

SABAH

nal anerkannter Tauchausweis nötig). Drei Übernachtungen inklusive Verpflegung, drei geführte Tauchgänge pro Tag und der Transport von und nach *Semporna*, dem Ausgangspunkt auf dem Festland *(Überfahrt rund 50 Min., mehrmals wöchentlich Flüge nach Sandakan)*, kosten 700 bis 800 US $. Alljährlich im April feiert die Stadt ihre Seefahrervergangenheit mit der <mark>Lepa Regatta</mark>. Tausende Segelboote jeglicher Art segeln in den Hafen. Pro Tag kostet der Eintritt für Sipadan RM 40.

Insider Tipp

Drei Veranstalter haben in Semporna Büros beim *Ocean Tourism Centre*. Hauptsitze in Kota Kinabalu: *Sipadan Dive Centre (Wisma Merdeka | Tel. 088/24 05 84 | Fax 24 04 15); Borneo Divers (Wisma Sabah | Tun Razak | Tel. 088/ 22 22 26 | Fax 22 15 50);* in Tawau: *Sipadan Resort (Sabindo Complex | Tel. 089/76 52 00 | Fax 76 35 75).*

Vor der Insel *Mabul (15 Min. per Boot von Sipadan)* liegen ebenfalls exzellente Tauchgebiete.

SEPILOK ORANG UTAN SANCTUARY ★ [121 E2]

Im Auswilderungszentrum 25 km nördlich von Sandakan lernen junge Orang-Utan-Waisen das Leben in der Wildnis. Hier kann man auch wandern und im *Labuk B & B* übernachten *(14 Zi. | Jalan Labuk, Mile 15 | Tel. 089/53 31 90 | www.sepilokforestedge.com | €)*. Nehmen Sie den blauen „Sepilok Batu Nr. 14"-Bus vom Stand neben dem Waterfrontmarkt *(30 Min. | RM 2)* und seien Sie gut eine halbe Stunde vor den Fütterungszeiten *(10 und 15 Uhr)* dort. *Tgl. 9–12 und 14–15.30 Uhr | Eintritt RM 30 | www.sepilokjungleresort. com/RehabCentre2.html*

TURTLE ISLANDS ★ [121 E2]

Der Schildkröten-Naturpark liegt 40 km nördlich von Sandakan und besteht aus drei kleinen Inseln *(Selingan, Bakkungan Kecil* und *Gulisaan)*, die zu den wichtigsten Brut-

Lernen fürs Leben: Orang-Utan-Waise

stätten der Habichtschnabel- und Grünen Meeresschildkröten zählen. Beobachtungen sind immer möglich, die beste Zeit ist aber zwischen Juni und Oktober, Fahrten zur Insel *(1 Std.)* inkl. Übernachtung, Frühstück, Mittag- und Abendessen z. B. bei *Crystal Quest Sdn. Bhd (Sabah Park Jetty | Jalan Buli Sim-Sim | Sandakan | Tel. 08/921 27 11 | Fax 921 27 12 | RM 530/2 Pers.).*

> KAMPUNGS, WALD UND EIN ZUG DURCH DEN DSCHUNGEL

Zwei Touren, die es in sich haben: vom Bad im Wasserfall bis zur Flusstour in uraltem Regenwald

Die Touren sind auf dem hinteren Umschlag und im Reiseatlas grün markiert

1 RINGS UM PENANG

Dieser gemütliche Tagesausflug führt von Georgetown entlang der Küste rings um die Insel Penang (rund 70 km). Dafür sollten Sie sich ein Auto mieten, mit öffentlichen Verkehrsmitteln ist die Fahrt nicht zu machen. In Georgetown, aber auch am Flughafen sind zahlreiche Autovermieter vertreten (RM 60–70 pro Tag). Sie können sich auch ein Taxi nehmen: Handeln Sie eine Pauschale für die Inselrundfahrt aus.

Von **Georgetown** *(S. 31)* Richtung Norden schlängelt sich die Küstenstraße erst 14 km nach **Batu Ferringhi** – in den 1960er-Jahren ein Traumziel der Hippies, heute ein internationaler Badeort mit leider nicht mehr so paradiesischem Strand. Besuchen Sie vor Teluk Bahang den **Tropical Spice Garden** *(tgl. 9–18 Uhr | Lone Crag Villa | Lot 595 Mukim 2 | Jalan Teluk*

Bild: Batu Ferringhi Beach auf Penang

AUSFLÜGE & TOUREN

Bahang | Eintritt ab RM 20 | www.tropicalspicegarden.com) mit seinen mehr als 500 exotischen und endemischen (Gewürz-)Pflanzen. In Teluk Bahang bietet sich ein Besuch der **Batikfabrik** *(tgl. 9–17.30 Uhr | 669, Mk. 2 | www.pgbatik.com)* an, wo Sie bei der Herstellung der bunten Stoffe zuschauen und Stücke kaufen können.

Kurz vor dem Ortskern zweigt die Küstenstraße Richtung Süden ins Landesinnere ab und führt zur 1986 eröffneten **Penang Schmetterlingsfarm** *(Mo–Fr 9–17, Sa/So bis 17.30 Uhr | No. 830, Jalan Teluk Bahang | Eintritt RM 20 | www.butterfly-insect.com)*. Sie war die erste ihrer Art in den Tropen, beherbergt rund 4000 lebende Schmetterlinge 120 verschiedener Arten und dient auch der wissenschaftlichen Forschung. Ihre nächste Station sollte der **Teluk Bahang Recreational Forest** *(tgl. 8–18, Museum: 9–17 Uhr | Pulau Pinang | Eintritt* nur für Museum RM 1 | www.tour ismpenang.gov.my/page.cfm?name= at02c03) sein. Auf mehr als 40 ha bietet der Park Wanderwege, kühle Pools, einen Kinderspielplatz und vor allem Dschungel. Das Museum informiert über den Regenwald.

Auf dem Weg nach Süden führt die Straße nun hügelauf und -ab durch

Fürs Auge: Bewohner der Schmetterlingsfarm

Durian- und Litschiplantagen. Da und dort gewährt die tropische Vegetation herrliche ✼ Ausblicke auf die Nordwestküste, bevor die Straße bei Sungai Pinang *(12 km südlich der Schmetterlingsfarm)* wieder das Flachland erreicht. Kurz vorher lädt der **Insider Tipp** *Titi Kerawang Waterfall (Hinweisschild „Air Terjun Titi Kerawang" zwischen Balik Pulau und Teluk Bahang)* zum Bad. Danach fahren Sie durch idyllisch anmutende *kampungs* mit auffallend schönen malaiischen Holzhäusern bis zur kleinen, chinesisch dominierten Ortschaft Balik Pulau *(7 km)*.

Die nächsten Kilometer führen Sie zurück auf die moderne Seite der Insel. Appetit auf frische Meeresfrüchte? Biegen Sie kurz vor dem Flughafen zum Fischerort Batu Maung ab. Dort finden Sie direkt über dem Wasser ein Seafood Restaurant *(kein Tel. | €€)*. Besuchen Sie hier den Sam Poh Foot Print Temple, gebaut um einen über 80 cm langen Fußabdruck, über dessen Enstehung und Herkunft verschiedene Legenden entstanden sind. Auf dem Weg zurück nach Georgetown *(15 km)* beeindruckt der Blick auf die Penang Bridge. Sie verbindet Penang seit 1985 mit Butterworth auf dem Festland und ist mit 13,5 km die längste Brücke Malaysias.

2 IM DSCHUNGELZUG DURCH DEN TAMAN NEGARA

Insider Tipp Eine interessante Perspektive bietet der Dschungelzug („Jungle Train") von Kuala Lumpur über Gemas im Süden quer durch den Taman Negara bis nach Tumpat an der Thai-Grenze oder umgekehrt. Die Fahrt dauert je nach Zug zwischen 11 und 13 Stunden und kostet RM 88 (1. Klasse, für Familien mit zwei Kindern gibt es 25 Prozent Ermäßigung, Auskunft bei KL Sentral Tel. 032/773 88 88 | www.klsentral.com.my). Starten Sie gegen 6 Uhr an der Wakaf Bahru/Tumpat-Station, wenn Sie von Norden kommen. Die aktuellen Abfahrtszeiten erfahren Sie auf der Webseite der Bahn *(www.ktmb.com.my)*.

Auf den ersten 65 km bis Kuala Krai überquert die Bahn mehrmals den Kelantan-Fluss, während Mitreisende das populäre Frage-und-Antwort-Spiel über Herkunft, Familie und Beruf in Gang bringen.

In Kuala Krai beginnt das schönste Teilstück der 1931 fertig gestellten Bahnlinie: Skurrile Kalksteinformationen ragen aus der Landschaft, bevor sich die Vegetation

> *www.marcopolo.de/malaysia*

AUSFLÜGE & TOUREN

mehr und mehr zu Regenwald verdichtet – eine kaum erschlossene Gegend, die Sperrgebiet war, als noch kommunistische Rebellen im Land aktiv waren. **Gua Musang**, der Name der nächsten Station, steht für Kalksteinhöhlen, die man in Begleitung eines Führers besichtigen kann. Die Sonne schimmert durch das immergrüne Laub, die feuchte Luft duftet würzig und frisch. In diesem Urwald leben manche Orang Asli, Ureinwohner der malaiischen Halbinsel, noch als Jäger und Sammler weitgehend in Einklang mit der Natur. Östlich der Bahnlinie dehnt sich bereits der **Taman Negara National Park** *(S. 66)* aus.

Etwa nach der Hälfte der Fahrtzeit erreichen Sie **Kuala Lipis**, eine Station, die zum Aussteigen reizt, vorausgesetzt der Fahrplan gibt ein wenig Spielraum. Kuala Lipis war in der ersten Hälfte des 20. Jhs. Hauptstadt von Pahang. An diese Zeit erinnern noch einige historische Verwaltungsgebäude auf den Hügeln am Ortsrand. Auch die chinesischen Geschäftshäuser zwischen Bahnhof und Jelai-Fluss stammen aus der Pionierzeit der Goldsucher. Nachdem die Goldminen lange Zeit brachlagen, ermöglichen nun modernste Technologien den Abbau des Edelmetalls. Hauptgrund in Kuala Lipis auszusteigen ist jedoch der **Kenong Rimba Park**. Mehrere lokale Reiseagenturen organisieren Wanderungen zu den Höhlen im Park oder Flussfahrten durch das Naturschutzgebiet. Übernachten können Sie im leidlich komfortablen *Lipis Centrepoint Hotel (75 Zi. und Apartments | Level 5, Lipis Centrepoint | Jalan Pekeliling | Tel. 09/312 26 88 | Fax 312 26 99 | €).*

Um den bekannteren Taman Negara National Park zu besuchen, bleiben Sie bis zur nächsten Station im Zug und steigen Sie erst in **Jerantut** aus. Die nette, gemütliche Kleinstadt bietet zwar keine Sehenswürdigkeiten, aber zahlreiche Pensionen, u. a. das Hotel *Sri Emas (23 Zi. | Jalan Manda Lama | Tel. 09/260 17 79 | Fax 366 48 01 | €).*

Sammeltaxis verkehren zwischen Jerantut und Kuala Tembeling, wo die Boote in den Nationalpark ablegen. Von Jerantut aus bestehen gute Straßenverbindungen nach Kuala Lumpur und Kuantan. Nach weiteren 5–6 Stunden Fahrt erreicht der Zug dann **Gemas**, wo Sie weiter nach Singapur fahren können oder in Richtung Norden nach Kuala Lumpur.

Regenwaldidylle: Taman Negara Park

EIN TAG RUND UM KUALA LUMPUR
Action pur und einmalige Erlebnisse.
Gehen Sie auf Tour mit unserem Szene-Scout

GESCHMACKSERLEBNIS
9:00

Der Tag beginnt spicy! Super lecker: *roti canai*, eine Art Fladenbrot, das man in Hühner-, Fisch- oder Linsencurry tunkt. Im *Restoran Sri Paandi* eine der herzhaften Leckereien bestellen und eine Tasse des Nationalgetränks *Teh Tarik* (schwarzer Tee mit Kondensmilch) dazu genießen. **WO?** *Restoran Sri Paandi, 37, Jalan 11/4, Petaling Jaya*

KÖSTLICHE GEHEIMNISSE
10:00

Auf geht's zum Kochkurs! Im angenehmen Ambiente des *LaZat* werden kulinarische Geheimnisse gelüftet. Um in den Genuss des köstlichen Menüs zu kommen, muss man natürlich selbst anpacken. Nach Schnipseln und Brutzeln geht's zum Spaziergang durch den hauseigenen Kräutergarten. **WO?** *LaZat, 584, Jalan 17/17, Section 17, Petaling Jaya* | Anmeldung unter Tel. 01/92 38 11 98 | Kosten inkl. Mittagessen: ca. 33 Euro | Di-Sa 10-14 Uhr und nach Absprache | www.malaysia-klcookingclass.com

BUMMEL DURCH INDIEN
14:30

Ausflug nach Indien! Im Viertel Brickfields flanieren und eine neue Welt kennen lernen! Vom Supermarkt *Sri Kota* aus an vollgestapelten indischen Läden mit Souvenirs und Räucherstäbchen vorbeilaufen. Am Ende noch zum Hindutempel *Sri Kandaswamy Kovil* an der Jalan Scott flanieren. So indisch ist Malaysia! **WO?** *Brickfields*

ADRENALINKICK
16:00

Lust auf Action? In schwindelnden Höhen wird man jetzt festgezurrt, um kurz darauf an 120 bis 150 m langen Seilrutschen am *KL Tower* entlang zu sausen! Adrenalinkick am seidenen Faden von Kuala Lumpurs Wahrzeichen! **WO?** *AJ Hackett Malaysia, Menara Kuala Lumpur, No. 2 Jalan Punchak* | Kosten: ca. 58 Euro | Anmeldung unter Tel. 03/20 20 51 45 | www.ajhackett.com/malaysia

24 h

RELAX IN STYLE
17:00

Nach so viel Action heißt es Auftanken und zwar im schicken *Energy Day Spa Ampang*. Bei der Relaxation Therapy, einer Ganzkörpermassage mit ätherischen Ölen, langsam loslassen und spüren, wie sich Wärme und Entspannung im Körper breitmachen. **WO?** *Lot 4, Level 4, Great Eastern Mall, 303 Jalan Ampang | Kosten: ca. 26 Euro/Std. | Tel. 03/42 56 88 33, www.energymindbodyspirit.com*

18:30 ### SINGSTARS

Karaoke steht auf dem Programm! In den Themenräumen und Partyareas der *Red Box* heißt es jetzt Singen was das Zeug hält! Wer sich hungrig geträllert hat, belohnt sich am gigantischen Buffet: von frischen Meeresfrüchten bis zur riesigen Auswahl an Desserts! **WO?** *Red Box Low Yat, Basement 1, Plaza Low Yat off Jalan Bukit Bintang | Kosten: ab 5 Euro | Reservieren unter Tel. 03/27 10 18 83 | www.redbox.com.my/redbox/eng*

LOUNGING IN DER CEYLON BAR
21:30

Warm-up für die Nacht! Lounge & relax ist angesagt! Mitten in Bukit Bintang auf der Terrasse der *Ceylon Bar* Platz nehmen und das abendliche Treiben beobachten. Wer's etwas ruhiger mag, geht in die Lounge und genießt dort seinen Cocktail. **WO?** *The Ceylon Bar, 0-2 Changkat Bukit Bintang | Tel: 03/21 45 76 89 | www.theceylonbar.com*

23:30 ### CLUBBING MIT STIL

Jetzt wird abgetanzt! Im *Velvet Underground* im angesagten Nightlife-Tempel *Zouk* trifft sich die Szene zu funky Beats. Der DJ-Sound bringt die Gäste in Stimmung, so dass die Nacht bis zum Morgen dauert. Lässiger feiern geht nicht! **WO?** *Zouk Club Malaysia, 113 Jalan Ampang | Tel: 03/21 71 19 97 | www.zoukclub.com.my*

> FÜR JEDEN DAS RICHTIGE
Zuschauen oder auch selbst aktiv werden: Malaysias Sportangebot ist riesengroß

> **Obwohl Malaysier das Leben im Allgemeinen wegen des tropischen Klimas eher gemächlich angehen lassen, begeistern sie sich doch für traditionelle Sportarten.** Dazu gehören *silat*, ein antiker Kampfsport, oder *sepak takraw*, das Spiel mit einem geflochtenen Rattanball, der mit dem Fuß über ein Netz gespielt wird, ähnlich wie beim Volleyball. Außerdem spielt in Malaysia Badminton eine große Rolle, ebenso wie Hockey.

Vor allem ist es aber wohl den ausländischen Aktivtouristen zu verdanken, dass Malaysia Möglichkeiten auch für viele andere Sportarten bietet. Vor allem die aufregende Natur ist es, die dem Abenteuersport zum Erblühen verholfen hat. Reiseagenturen organisieren alles, vom Sportangeln bis zum Wracktauchen. Sie können sich aber immer auch Anregungen über die Tourismusbüros oder die Büros der Nationalparks holen.

Bild: Korallenriff

SPORT & AKTIVITÄTEN

ANGELN

Sportfischer oder Hobbyangler, Süßwasser oder der weite Ozean: Malaysia bietet für jeden Geschmack das Passende. Touren, Ausrüstungsvermietung z. B. bei *Cherry Bird Travel & Tours (Jalan Barat 29 | Kuala Lumpur | Tel. 03/21 41 13 99 | cherry@streamyx.com)* oder *Hook, Line & Sinker (Jalan Thamby 144 | Kuala Lumpur | Tel./Fax 03/77 25 25 51 | www.hook-line-sinker.net)*.

GOLF

Malaysias Golfplätze zählen zu den besten der Region und wurden oftmals von international bekannten Designern wie z.B. Jack Nicklaus konzipiert. Caddy- und Grüngebühren sind durchaus erschwinglich. In den meisten Clubs können Sie auch Schlägersets mieten.

Eine außergewöhnlich ansprechende Anlage in Sabah mit tückischen Wasserfällen und dem Mount

Kinabalu als monumentale Kulisse im Hintergrund ist der *Dalit Bay Golf & Country Club* mit 18-Loch, Par 72, 6310 m. *Pantai Dalit, Tuaran, Sabah | Tel. 088/79 11 88*

Eine szenisch besonders reizvolle Anlage liegt direkt am Meer. *The Golf Club Datai Bay* hat 18-Loch, Par 72, 5994 m *(Jalan Teluk Datai | Kuah | Langkawi | Tel. 04/959 26 00).* Fantastisch angelegt mit künstlichen Seen und Bächen ist der *Bukit Jambul Golf and Country Club* in Penang *(No.2, Jalan Bukit Jambul | Bayan Lepas | Tel. 04/644 22 55 www.bjcc. com.my).* Tiefgrün bewachsene Hügel umgeben das schöne Terrain.

HÖHLENERKUNDUNG

Viele Kalksteinhöhlen sind bislang noch relativ unerforscht und eine Erkundung (nur mit professionellem Führer und entsprechender Ausrüstung!) kann anstrengend, aber auch spannend sein. Die Höhlen der touristisch weniger besuchten Landesteile Sarawak und Sabah zählen dabei zu den besten. Höhlenführungen organisiert *Borneo Tours (2, Jalan PJS 8/5, Bandar Sunway | Petaling Jaya | Tel. 03/56 31 29 88 | www.borneotours.com.my).*

JOGGING & MARATHON

Sie wollen nicht nur allein joggen (vielleicht im Stadion des *National Sports Complex* in Kuala Lumpur), sondern an einem richtigen Wettbewerb teilnehmen? Dann ist der *Kuala Lumpur International Towerthon*, bei dem Teilnehmer Anfang März über endlose Treppen den hohen Fernsehturm erklimmen, bestimmt das Richtige *(Auskunft: Tel. 03/20 20 54 44)* oder das noch anspruchsvollere *Cameron Highlands Equator Race* Mitte Oktober *(Auskunft: Fraser's Hill Development Corp. | Tel. 09/517 16 23).* Sie können aber auch Anfang Oktober teilnehmen an *Sabah's Mount Kinabalu International Climbathon (Auskunft: Sabah Tourism*

Nasses Vergnügen: Wildwasserfahrt auf dem Kiulu-Fluss

SPORT & AKTIVITÄTEN

Promotion Corp. | Tel. 088/ 21 21 21 oder oder Mr. Zakhary | Fa. Belancongan | Tel. 088/23 21 21).

■ KLETTERN & BERGSTEIGEN ■

Die Auswahl reicht von relativ einfachen Bergwanderungen (im Zentralgebirge der Halbinsel) bis zum kraftraubenden Rock Climbing (in Sarawak und Sabah) für versierte Bergsteiger mit Führer. Spezialisierte Agenturen arrangieren Touren, z.B. *Utan Bara Adventure Team (The Heritage Bldg. | Kuala Lumpur | Tel. 03/40 22 51 24 | Fax 40 22 61 25 | www.jungleschool.com.my).*

■ RALLYES ■

Drei internationale Rallyes werden jedes Jahr im Oktober/November in Malaysia ausgetragen. Wer sich selbst mit vierradgetriebenen Jeeps an dem oft herausfordernden Terrain versuchen will kontaktiert z.B. *International Rainforest Challenge (225, Jalan Ampang | Kuala Lumpur | Tel. 03/21 63 59 08 | Fax 21 63 09 08 | www.rainforest-challenge.com).*

■ TAUCHEN ■

Ein Scubatauchcenter hat jeder populäre Ferienort, vor allem auf den zahlreichen Inseln. Besonders die Gewässer um die Inseln Tioman, Langkawi, Perhentian und Tiga besitzen faszinierende Korallenbänke, und man kann u.a. Mantarochen, Hammerkopfhaien, Barrakudas und Skorpionfischen begegnen.

Vor der Küste der Insel Labuan liegen etliche Wracks, z. T. aus dem Zweiten Weltkrieg. Zum Wracktauchen braucht man exzellente Kondition und Erfahrung, wird aber mit unbeschreiblichem Nervenkitzel belohnt. Tauchtouren organisiert: *Borneo Divers & Sea Sport (Jubli Wisma Tower | Jalan Gaya 53 | Kota Kinabalu | Sabah | Tel. 088/22 22 26 | Fax 22 15 50 | www.borneodivers.info).* Wracktauchgänge organisieren auch die Tauchschulen auf Labuan.

■ TREKKING ■

Malaysias Nationalparks laden zu mehrtägigen Rucksacktouren ein, bei denen man nicht nur die Flora und Fauna entdecken kann, sondern auch Dörfer der Einheimischen besucht. Auf Wanderungen braucht man den Körper gut bedeckende Kleidung und Wanderschuhe mit gutem Profil, auch Trinkwasser, Insekten- und Sonnenschutz, eine Notfallapotheke, einen wasserundurchlässigen Rucksack und Schutz für die Kamera, lichtempfindliche Filme, Taschenmesser, Toilettenpapier, Regenponcho und ein Fernglas. Umfassende Informationen finden Sie unter *www.malaysia.sawadee.com/adventure/trekking.html*

■ WILDWASSERFAHRTEN ■

Im Kanu oder zusammen mit einer kleinen Gruppe in Schlauchbooten über Stromschnellen und Katarakte: In Sabah sind während der Trockenzeit Padas und Kiulu dafür beliebte Flüsse (Schwierigkeitsgrad 2 bis 3). In der Regenzeit schwellen die Ströme mitunter dermaßen an, dass die Behörden Wildwasserfahrten verbieten. Buchen können Sie z. B. bei *Diethelm Borneo Expeditions (3. Stock EON CMG Life Building | Kota Kinabalu | Tel. 088/26 63 53 | Fax 26 03 53 | www.diethelmtravel.com).*

TROPISCHES KINDERPARADIES

In Malaysia genießt der Nachwuchs alle Freiheiten und kann jede Menge Abenteuer erleben

> Malaysische Eltern gehören wohl zu den nachsichtigsten und am wenigsten autoritären der Welt. Westliche Besucher sind oft erstaunt darüber, wie viel Freiheiten Kinder genießen. Das Land ist schlicht ein Paradies für jeden kleinen Hansdampf in allen Gassen – mit einer Fülle von Freizeit- und Vergnügungsmöglichkeiten.

BUKIT MERAH LAKETOWN RESORT [116 B3]

Auf halbem Weg zwischen Ipoh und Penang liegt der See mit einer Orang-Utan-Insel, einem Wasser-, Reptilien- und Ecopark sowie einem Trekkingpfad, auf dem Sie Tiere beobachten können. Mit dem Skycycle Pedal, einem pedalgetriebenen Wagen, fahren Sie durch die Baumwipfel. *Jalan Bukit Merah | Semanggol | Taiping | Eintritt Erw./Kinder: RM 39/29 | www.bukitmerah resort-taiping.com*

DESA WATERPARK [116 C4]

Der zehn Jahre alte Park punktet mit Attraktionen wie einer Wasserachterbahn oder einem Wellenpool. *Do–Di 12–18, Sa/So 10–18 Uhr | Taman Desa, off Seremban Highway | Kuala Lumpur | Eintritt Erw./Kinder: RM20/14 | www. desawaterpark.com.my*

FOREST RESEARCH INSTITUTE [U E1] *Insider Tip*

Nicht nur für junge Menschen hat das Institut in Kepong in Kuala Lumpur Interessantes zu bieten: Dschungelpfade, Canopy Walk, Dschungeltrekking, ein umfangreiches Herbarium. Camping und Picknick runden das Anegbot ab. *Infos unter www.frim.gov.my*

KUALA SELANGOR [116 B4]

Millionen kleiner Glühwürmchen in den Mangroven verwandeln die Bäume am Ufer des Selangor-Flusses in Weihnachtsbäume – nicht nur für Kinder ein tolles Erlebnis. Nach etwa einer Stunde Fahrt von Kuala Lumpur aus erreichen Sie die rund 60 km nordwestlich gelegene Stadt Kuala Selangor. Dort können Sie in Kampung Kuantan oder in Kampung Bukit Belimbing im *Firefly Park*

> MIT KINDERN REISEN

Resort (*Jalan Haji Omar* | Tel. 03/32 89 12 08 | *www.fireflypark.com*) Boote mieten. Verbinden Sie die Fahrt mit einem Seafoodessen in einem der zahlreichen Restaurants.

LAKE GARDENS (TAMA TASIK PERDANA) [U A3–5]

In 100 Jahre alten Park gibt es einen schönen Kinderspielplatz, auf dem See können Sie Boot fahren. Im Vogelpark sehen Sie selbst die großen Nashornvögel in der riesigen Voliere aus der Nähe. Die jüngste Attraktion des *National Planetarium*, das ebenfalls im Park liegt, ist das Space Centre und der Spaceball, mit dem man Schwerelosigkeit simulieren kann. *Di–So 9.30–16.15 Uhr | Jalan Perdana | Tel. 03/22 73 54 84 | www. angkasa.gov.my/planetarium*

SUNWAY LAGOON THEME PARK [116 C4]

Drei unterschiedliche Parks in einem bei Kuala Lumpur , wobei der Wasserpark sicherlich der spannendste für den Nachwuchs ist: mit Wellenpool, Wasserfall und einer großen Rutsche. *Mo, Mi–Fr 11–18, Sa/So 10–18 Uhr | 3, Jalan PJS 11/11 | Petaling Jaya | Eintritt Erw./Kinder für alle drei Parks: RM90/70 | www. sunway.com.my/lagoon*

THE LOST WORLD OF TAMBUN [116 B3]

Insider Tipp

Der neueste Wasserpark steht in Ipoh: Attraktionen wie der Stormrider, der Abenteuerfluss oder das Tigertal sorgen für kindgerechten Thrill. *Mo, Mi–Fr 11–18, Sa/So 10–18 Uhr | 1, Persiaran Lagun Sunway | Eintritt Erw./Kinder: RM25/19 | www.sunway.com.my/lostworldof tambun*

ZOO NEGARA [116 C4],

Der Nationalzoo, 13 km nordöstlich von Kuala Lumpur gelegen ist nach asiatischen Maßstäben in Ordnung und mit seinen exotischen Tierarten durchaus einen Besuch mit Kindern wert. *Tgl. 9–17, Sa/So auch bis 22.30 Uhr | Hulu Kelang, Ampang | Tel. 03/41 08 34 27 | Eintritt Erw./Kinder RM 15/6 | www.zoo negara.org.my*

> VON ANREISE BIS ZOLL

Urlaub von Anfang bis Ende: die wichtigsten Adressen und Informationen für Ihre Malaysiareise

ANREISE

Eingangstor nach Malaysia ist für die meisten Reisenden der moderne Flughafen KLIA (Kuala Lumpur International Airport). Von hier aus können Sie mit dem schnellen und sehr komfortablen *KLIA-Ekspres* direkt zum Hauptbahnhof *(Stesen Sentral)* in Kuala Lumpur fahren. Die Fahrt dauert ungefähr 30 Minuten und kostet RM 35. Wenn Sie lieber mit dem Taxi fahren wollen, kaufen Sie sich am besten ein Ticket am entsprechenden Schalter im Flughafengebäude. Vermeiden Sie andere Angebote – die sind meist teurer und mitunter darauf aus, Neuankömmlinge kräftig zu schröpfen.

AUSKUNFT

TOURISM MALAYSIA

In Deutschland: Malaysia Tourism Promotion Board | Weissfrauenstr. 12–16 | 60311 Frankfurt a. M. | Tel. 069/460 92 34 20 | Fax 460 92 34 99 | www.tourismmalaysia.de
In Malaysia: Putra World Trade Center | Jalan Tun Ismail 45 | 50480 Kuala Lumpur | Tel. 03/26 93 51 88 | Fax 26 93 58 84 | www.tourismmalaysia.gov.my

BANKEN & GELD

Sie können mit Ihrer Bankcard (EC-Karte) und natürlich auch mit einer Kreditkarte überall im Land an den Geldautomaten Malaysische Ringgit

> WWW.MARCOPOLO.DE

Ihr Reise- und Freizeitportal im Internet!

> Aktuelle multimediale Informationen, Insider-Tipps und Angebote zu Zielen weltweit ... und für Ihre Stadt zu Hause!

> Interaktive Karten mit eingezeichneten Sehenswürdigkeiten, Hotels, Restaurants etc.

> Inspirierende Bilder, Videos, Reportagen

> Kostenloser 14-täglicher MARCO POLO Podcast: Hören Sie sich in ferne Länder und quirlige Metropolen!

> Gewinnspiele mit attraktiven Preisen

> Bewertungen, Tipps und Beiträge von Reisenden in der lebhaften MARCO POLO Community: *Jetzt mitmachen und kostenlos registrieren!*

> Praktische Services wie Routenplaner, Währungsrechner etc.

Abonnieren Sie den kostenlosen MARCO POLO Newsletter ... wir informieren Sie 14-täglich über Neuigkeiten auf marcopolo.de!

Reinklicken und wegträumen!
www.marcopolo.de

> MARCO POLO speziell für Ihr Handy! Zahlreiche Informationen aus den Reiseführern, Stadtpläne mit 100 000 eingezeichneten Zielen, Routenplaner und vieles mehr.
mobile.marcopolo.de (auf dem Handy)
www.marcopolo.de/mobile (Demo und weitere Infos auf der Website)

PRAKTISCHE HINWEISE

(RM) bekommen. Wenn Sie Geld wechseln wollen, so bieten die lizenzierten Geldwechsler meist einen besseren Kurs als die Banken. Kreditkarten werden fast überall akzeptiert.

BRUNEI

Bei einem Ausflug nach Brunei bekommen EU-Bürger und Schweizer an der Grenze des Sultanats ein 14 Tage gültiges Visum ausgestellt. Nach Bandar Seri Begawan, der Hauptstadt Bruneis, gibt es diverse internationale Flugverbindungen. Von Sarawak bestehen auch Bus- und Bootsverbindungen. Kreditkarten werden an vielen Orten akzeptiert.

DIPLOMATISCHE VERTRETUNGEN

AUSLÄNDISCHE BOTSCHAFTEN IN KUALA LUMPUR

Deutschland: *26. Stck. | Menara Tan & Tand | 207, Jalan Tun Razak | Tel. 03/21 70 96 66 | Fax 21 61 98 00 | contact@german-embassy.org.my*
Österreich: *Suite 10.1–2, Level 10 | Wisma Goldhill | 67, Jalan Raja Chulan | Tel. 03/20 57 00 20 | kuala-lumpur-ob@bmeia.gv.at*
Schweiz: *Empire Tower | Suite 58 CD, 58th Floor | 182, Jalan Tun Razak | Tel. 03/21 64 56 35*

EINREISE

Für die Einreise brauchen Sie einen Reisepass, der noch mindestens 6 Monate gültig ist und ausreichend Platz für die Stempel der Einreisebehörde hat. Sie können dann bis zu 3 Monaten im Land bleiben.

GEFAHREN

Malaysia ist ein sicheres Reiseland. Ein Problem stellen die *snatch thiefs* dar, Handtaschendiebe, die sich Passanten mit dem Moped nähern und im Vorbeifahren versuchen die Tasche an sich zu bringen. Ängste vor Terrorimus sind absolut unbegründet – da ist Malaysia sicherer als manche europäische Großstadt.

GEPÄCK

Für das tropische Klima sind leichte, natürliche Materialien geeignet. Pullover oder Jacke braucht man für die kühleren Gebirge und für klimatisierte Räume. Unentbehrlich ist ein Regenschutz. Nützlich sind Geldgürtel, Sonnenhut und -brille, Taschenmesser und -lampe, Reisewecker, Ohrstöpsel, Fernglas sowie Steckdosenadapter.

GESUNDHEIT

Sie brauchen nur solche Impfungen vorzunehmen, die Sie auch zu Hause benötigen. Malariaprophylaxe ist nicht erforderlich. Der beste Schutz ist ein gutes Insektenmittel. Sie sollten zu diesem Thema vor der Reise ein Tropeninstitut kontaktieren. Eine kleine Reiseapotheke kann hilfreich sein. Allerdings bekommen Sie alle notwendigen Medikamente in den malaysischen Apotheken *(farmasi)*.

Die Kliniken sind gut ausgestattet und haben in den großen Städten europäischen Standard. Achten Sie darauf, dass Sie viel Flüssigkeit zu sich nehmen. Arztrechnungen müssen Sie gleich bezahlen, eine Auslandskrankenversicherung ist daher sinnvoll.

■ INLANDFLÜGE

Sie haben die Wahl zwischen der malaysischen Fluglinie *MAS (www.malaysiaairlines.com)* und Billigfliegern wie *AirAsia (Tel. 03/87 75 40 00 | www.airasia.com)*, der stärksten Kaft auf dem Markt. Erwähnenswert ist zudem *Firefly (Tel. 03/78 45 45 43 | www.fireflyz.com.my)*

■ INTERNET

www.geographia.com/malaysia/main.html – bietet vielfältige Informationen über Land, Kultur und Leute. *www.kl-post.com.my* – Homepage der deutschsprachigen Monatszeitschrift „KL-Post". *www.indexmundi.com/de/malaysia* – Seite mit präzisen statitistischen Angaben über Malaysia. *www.kakiseni.com* – Internetseite mit einem Überblick über die aktuellen kulturellen Veranstaltungen. *www.imi.gov.my/eng/im_Page1.asp* – Homepage der Einwanderungsbehörde. *www.myhoponhopoff.com* – Informationen zur City Tour Kuala Lumpur. *http://travel.away.com/Malaysia/travel-vacation-8-156-Malaysia.html* – Reiseführer, Flugverbindungen in Malaysia, Preisvergleiche usw. *www.magickriver.net/index.htm* – Webseite über den Dschungel und dort lebende Menschen, insbesondere über den Magick River. *www.stesensentral.com* – Zentralbahnhof in Kuala Lumpur. *www.ktmb.com.my* – die malaysische Bahn. *www.putralrt.com.my* – Stadtbahn und Busse. *www.malaysia-hotels.net* – Hotelbuchungsportal in Malaysia. *www.hotels.org.my* – malaysische Hotel Association.

■ INTERNETCAFÉS

Internetcafés gibt es in großer Zahl in allen größeren Städten und Touristenorten *(www.worldofinternetcafes.de/Asia/Malaysia/)*.

■ KLIMA

Malaysia ist ein tropisches Land. Die Temperaturen sind relativ stabil und liegen zwischen 32ºC am Tag und 23ºC in der Nacht. Ein kräftiger Monsun bestimmt das Wetter zwischen Oktober/November und Februar. An der Ostküste der Halbinsel

> WAS KOSTET WIE VIEL?

> SNACK	**80 CENT**	für eine Schüssel chinesische Nudelsuppe
> BIER	**1,40 EURO**	pro Flasche (Supermarkt)
> TAXI	**1,25 EURO**	für 100 km im Sammeltaxi
> TEE	**30 CENT**	für eine Tasse
> BENZIN	**40 CENT**	für einen Liter Super
> BUS	**1,50 EURO**	100 km im Überlandbus

PRAKTISCHE HINWEISE

und auf den vorgelagerten Inseln ist in dieser Zeit Nebensaison und die meisten Resorts haben geschlossen. Die See ist dann sehr bewegt und es regnet viel. Im westlichen Teil entladen sich regelmäßig täglich am Nachmittag starke Gewitter, die etwa zwei Stunden dauern. Kühler ist es in den Bergen. Da kann ein Pullover oder eine Jacke besonders abends hilfreich sein.

MEDIEN

Internationale Zeitungen sind bei Händlern in Luxushotels und Großstädten erhältlich. In guten Hotels liegt morgens eine der englischsprachigen Lokalzeitungen (z. B. *The Star, Malay Mail* oder *Sarawak Tribune*) vor der Tür. Fernsehgeräte stehen in den Zimmern der meisten Hotels (ab Mittelklasse), viele haben Kabelfernsehen (BBC, CNN, Deutsche Welle TV). Mit Kurzwellenradios ist u. a. die *Deutsche Welle* zu empfangen.

MIETWAGEN

In ganz Malaysia herrscht Linksverkehr. Der Fahrstil bedarf mitunter der Gewöhnung. An den Flughäfen vieler Städte findet man sowohl internationale als auch lokale Autovermieter. Bei Vertragsabschluss sind Reisepass, internationaler Führerschein und gültige Kreditkarte vorzulegen. Der Fahrer muss mindestens 23 Jahre alt sein. Lokale Vermieter können bis zu 50 Prozent billiger sein. Allerdings muss man unbedingt darauf achten, dass der Mietvertrag eine Versicherung einschließt. Komfortable Limousinen gibt es bereits für ca. RM 200 pro Tag.

NOTRUF

Polizei und Notarzt *Tel. 999*

ÖFFENTLICHE VERKEHRSMITTEL

Bahnfahrten sind ein besonderes Vergnügen – sei es entlang der Westküste der Halbinsel oder durch die dschungelbewachsene Mitte zur Ostküste. Reizvoll ist auch die Fahrt zwischen Kota Kinabalu und Tenom in Sabah. Zweite und erste Klasse sind angenehm und haben zum Teil Schlafwagen. Sitzplätze sollten Sie

WÄHRUNGSRECHNER

€	MYR	MYR	€
1	5	10	2
2	10	20	4
3	15	25	5
5	25	50	10
7	35	75	15
10	50	100	20
15	75	125	25
25	125	150	30
50	250	200	40

vorher reservieren. Die *Überlandbusse* sind sehr bequem und preiswert. Eine Fahrt von Kuala Lumpur nach Singapur kostet z. B. je nach Busgesellschaft etwa RM 80 und dauert 4–5 Stunden. Allerdings sind die Busfahrer auch berüchtigt für ihre aggressive und mitunter unverantwortliche Fahrweise, was schon öfter zu fatalen Unfälle geführt hat. Etwa alle zwei Stunden wird auf einer solchen Reise eine Pause bei einem Restaurant eingelegt. An den Busbahnhöfen stehen Taxis bereit.

Auf längeren Strecken fahren *Sammeltaxis* zu festen Preisen; sie stehen neben den Busbahnhöfen und warten, bis sie vier Fahrgäste mit dem gleichen Ziel haben. In einigen Städten, z. B. in Penang, verkehren noch *Fahrradrikschas*, die dann auch von den Einheimischen als Transportmittel genutzt werden. Der Preis ist vorher auszuhandeln.

ÖFFNUNGSZEITEN

Geschäfte haben meist zwischen 10 und 18/19 Uhr geöffnet, die großen Einkaufszentren täglich zwischen 10 und 22 Uhr. Bürozeiten und damit auch Öffnungszeiten der Banken und Behörden sind zwischen 9 und 16.30/17 Uhr. Vorwiegend in den mehrheitlich malaiischen Bundesstaaten Kedah, Kelantan, Perlis und Terengganu ist der Donnerstag ein halber Arbeitstag und der Freitag ein Feiertag.

POST

Ein Brief (20g) per Luftpost nach Deutschland oder Europa kostet RM 1,50. Er braucht etwa 5–6 Tage. Für weitere 10 Gramm werden jeweils RM 0,50 fällig. Innerhalb Malaysias kostet ein Brief oder eine Postkarte RM 0,30 (bis zu 20 Gramm). Bis 50 Gramm kostet das Porto RM 0,40.

STROM

Die Stromspannung beträgt im Allgemeinen 220 Volt. Für die dreipoligen Steckdosen besorgt man sich am besten einen Weltadapter.

TELEFON & HANDY

Man kann Lokal- oder Überseegespräche von Münz- und Kartentelefonzellen aus führen. Für Auslandstelefonate lohnt es sich, an einem Kiosk eine Karte zu kaufen. Damit erhält man eine Nummer, mit der man sehr viel billiger Auslandsgespräche führen kann. Man kann auch von einem der Büros der Telekom Malaysia telefonieren. Wer das eigene Handy

WETTER IN KUALA LUMPUR

Jan.	Feb.	März	April	Mai	Juni	Juli	Aug.	Sept.	Okt.	Nov.	Dez.
32	33	33	33	33	33	32	32	32	32	32	32
Tagestemperaturen in °C											
22	22	23	23	23	23	22	23	22	23	23	22
Nachttemperaturen in °C											
6	7	7	6	6	7	7	6	6	5	5	5
Sonnenschein Std./Tag											
11	10	15	17	15	11	10	12	14	19	18	13
Niederschlag Tage/Monat											
27	27	28	28	28	29	28	28	28	28	28	27
Wassertemperaturen in °C											

PRAKTISCHE HINWEISE

mitnimmt, kann mit einer Simkarte eines lokalen Anbieters günstige telefonieren. In Sachen Roaming: Ihr Handy bucht sich automatisch in ein verfügbares Netz ein. Über den Menüpunkt „Netzwahl" können Sie manuell zu günstigeren Betreibern wechseln. Die Karte von GlobalSim *(www.globalsim.net)* erlaubt nahezu kostenloses Roaming weltweit. Am günstigsten ist das Versenden von SMS. Riesige Kosten verursacht die Mailbox: Abschalten, bevor Sie Ihr Heimatland verlassen!

Vorwahlen: Deutschland 0049, Österreich 0043, Schweiz 0041, Malaysia 0060, Brunei 00673.

TRINKGELD

Trinkgelder in Restaurants werden nicht erwartet, aber gern genommen.

ÜBERNACHTEN

Luxushotels bieten wie die lokalen Mittelklassehotels internationalen Standard. Sämtliche Häuser der mittleren und oberen Preisklasse addieren 10 Prozent Steuern und 5 Prozent Service auf den Rechnungsbetrag. Fragen Sie nach Sondertarifen!

An den Stränden gibt es meist Bungalowanlagen in verschiedenen Preiskategorien. Auf Borneo ist das Preisniveau etwas höher als auf der Halbinsel. An offiziellen Feiertagen kann es schwierig sein, ohne Reservierung ein Zimmer zu bekommen. Der grüne Pfeil an der Decke vieler Hotelzimmer weist Richtung Mekka.

WLAN

In den größeren Städten vor allem auf der Halbinsel, aber auch vereinzelt in Sarawak und Sabah, gibt es WLAN-Hotspots. Flächendeckende *wireless*-Verbindungen sollen in absehbarer Zukunft im Gebiet Kuala Lumpur eingerichtet werden. Bisher beschränkt sich der *wireless*-Betrieb auf Hotspots wie z. B. Restaurants und Cafés. Auf dieser Webseite (deutsch) können Sie den Bundesstaat und die Stadt eingeben, in der Sie einen Hotspot suchen: *www.hotspot-locations.com/modules.php?name=HotSpots&op=hotspot_query&hsl_countryhs=MY*

ZEIT

Während der europäischen Sommerzeit ist es in Malaysia 6 Stunden, sonst 7 Stunden später als in Mitteleuropa. Zeitangaben meist mit dem Zusatz a. m. (vor Mittag) oder p. m. (nach Mittag).

ZOLL

Bei der Eineise muss sämtliches Geld (auch Reiseschecks) deklariert werden. Mehr als RM 1000 pro Person dürfen weder ein- noch ausgeführt werden. Zollfrei einführen dürfen Sie 200 Zigaretten oder 50 Zigarren, 1 l Alkohol, Geschenke im Wert bis zu RM 400, max. 100 g Goldschmuck. Strengstens verboten ist die Einfuhr von Pornografie (als solche gilt auch der „Playboy"!), Drogen und Waffen. Die Ausfuhr von Antiquitäten ist bewilligungspflichtig, eine Genehmigung erteilt das *Murzium Negara* in Kuala Lumpur. Die Ausfuhr von Krokodil- und Schlangenleder ist ebenfalls genehmigungspflichtig.

In die EU einführen können Sie u. a. 200 Zigaretten, 1 l Spirituosen, 50 g Parfüm. *Aktuelle Bestimmungen unter www.customs.gov.my*

> DO YOU SPEAK ENGLISH?

„Sprichst du Englisch?" Dieser Sprachführer hilft Ihnen, die wichtigsten Wörter und Sätze auf Englisch zu sagen

Aussprache

Zur Erleichterung der Aussprache sind alle englischen Wörter mit einer einfachen Aussprache (in eckigen Klammern) versehen. Folgende Zeichen sind Sonderzeichen:

- ə   nur angedeutetes „e" wie in bitte
- θ   [s] gesprochen mit der Zungenspitze zwischen den Zähnen
- ʹ   die nachfolgende Silbe wird betont

■ AUF EINEN BLICK

Ja/Nein	Yes [jäs]/No [nou]
Vielleicht	Perhaps [pəʹhäps]/Maybe [ʹmäibih]
Bitte/Danke	Please [plihs]/Thank you [ʹθänkju]
Gern geschehen.	You're welcome. [joh ʹwälkəm]
Entschuldigung!	I'm sorry! [aim ʹsori]
Wie bitte?	Pardon? [ʹpahdn]
Ich verstehe Sie/dich nicht.	I don't understand. [ai dount andəʹständ]
Können Sie mir bitte helfen?	Can you help me, please? [ʹkən ju ʹhälp mi plihs]
Guten Morgen!	Good morning! [gud ʹmohning]
Guten Abend!	Good evening! [gud ʹihwning]
Guten Tag!	Good morning!/afternoon!/evening! (je nach Tageszeit) [gud ʹmohning/ahftəʹnuhn/ʹihwning]
Wie ist Ihr/dein Name?	What's your name? [wots joh ʹnäim]
Mein Name ist …	My name is … [mai näim is]
Ich komme aus …	I'm from … [aim frəm]
… Deutschland.	… Germany. [ʹdschöhməni]
… Österreich.	… Austria. [ʹohstriə]
… der Schweiz.	… Switzerland. [ʹswitsələnd]
Auf Wiedersehen!	Goodbye! [,gudʹbai]/Bye-bye! [,baiʹbai]
Tschüss!	See you! [sih ju]/Bye! [bai]
Hilfe!	Help! [hälp]
Rufen Sie bitte …	Please call … [ʹplihs ʹkohl]
… einen Krankenwagen.	… an ambulance. [ən ʹämbjuləns]
… die Polizei.	… the police. [θə pəʹlihs]

■ UNTERWEGS

Bitte, wo ist …	Excuse me, where's … [iksʹkjuhs ʹmih ʹweəs]
… der Bahnhof?	… the station? [θə ʹstäischn]

> *www.marcopolo.de/malaysia*

SPRACHFÜHRER ENGLISCH

… der Flughafen?	… the airport? [θə ˈeəpoht]
… die Haltestelle?	… the stop? [θə stəp]
… der Taxistand?	… the taxi rank? [θə ˈtäksiränk]
Bus/Fähre/Zug	bus [bas]/ferry [ˈfäri]/train [träin]
Wo kann ich einen Fahrschein kaufen?	Where can I buy a ticket? [ˈweə kən_ai bai_ə ˈtikit]
Können Sie mir bitte sagen, wie ich nach … komme?	Could you tell me how to get to …, please? [ˈkud_ju ˈtäl me hau tə gät tə … plihs]
Gehen Sie geradeaus.	Go straight on. [gəu sträit ˈon]
Gehen Sie nach links/rechts.	Turn left/right. [töhn ˈläft/ˈrait]
Erste/Zweite Straße links/rechts.	The first/second street on the left/right. [θə ˈföhst/ˈsäknd striht on θə ˈläft/ˈrait]
nah/weit	near [niə]/far [fah]
Überqueren Sie …	Cross … [ˈkros]
… die Brücke.	… the bridge. [θə ˈbridsch]
… den Platz.	… the square. [θə ˈskweə]
… die Straße.	… the street. [θə ˈstriht]
Ich möchte … mieten.	I'd like to hire … [aid laik tə ˈhaiə]
… ein Auto …	… a car. [ə ˈkah]
… ein Fahrrad …	… a bike. [ə ˈbaik]
… ein Boot …	… a boat. [ə ˈbəut]
offen/geschlossen	open [ˈəupn]/closed [kləusd]
drücken/ziehen	push [pusch]/pull [pull]
Eingang/Ausgang	entrance [ˈäntrəns]/exit [ˈägsit]
Wo sind bitte die Toiletten?	Where are the restrooms, please? [ˈweərə θə ˈrestruhms plihs]

SEHENSWERTES

Wann ist das Museum geöffnet?	When's the museum open? [ˈwäns θə mjuˈsiəm ˈəupn]
Wann beginnt die Führung?	When does the tour start? [ˈwän das θə ˈtuə ˈstaht]
Altstadt	the old town [θi_ˈəuld ˈtaun]
Ausstellung	exhibition [ˌäksiˈbischn]
Gottesdienst	service [ˈsöhwis]
Kirche	church [tschöhtsch]
Palast	palace [ˈpälis]
Rathaus	town hall [ˈtaun ˈhohl]
Stadtplan	town map [ˈtaun ˈmäp]
Stadtzentrum	city [ˈsiti]/town centre [ˈtaun ˈsäntə]

■ DATUMS- & ZEITANGABEN

Montag	Monday ['mandäi]
Dienstag	Tuesday ['tjuhsdäi]
Mittwoch	Wednesday ['wänsdäi]
Donnerstag	Thursday ['θöhsdäi]
Freitag	Friday ['fraidäi]
Samstag	Saturday ['sätədäi]
Sonntag	Sunday ['sandäi]
heute/morgen	today [tə'däi]/tomorrow [tə'morəu]
täglich	every day ['äwri 'däi]/daily ['däili]
Wie viel Uhr ist es?	What time is it? [wot 'taim_is_it]
Es ist 3 Uhr.	It's three o'clock. [its 'θrih_ə'klok]
Es ist halb 3.	It's half past two. [its 'hahf pahst tuh]
Es ist Viertel vor 3.	It's quarter to three. [its 'kwohtə tə 'θrih]
Es ist Viertel nach 3.	It's quarter past three. [its 'kwohtə pahst 'θrih]

■ ESSEN & TRINKEN

Die Speisekarte, bitte.	May I have the menu, please. ['mäi ai häw θə 'mänjuh plihs]
Ich nehme …	I'll have … [ail häw]
Bitte ein Glas …	A glass of …, please [ə 'glahs_əw … plihs]
Besteck	cutlery ['katləri]
Messer/Gabel/Löffel	knife [naif]/fork ['fohk]/spoon ['spuhn]
Vorspeise	hors d'œuvre [oh'döhwr]/starter ['stahtə]
Hauptgericht	main course ['mäin 'kohs]
Nachspeise	dessert [di'söht]
Salz/Pfeffer	salt [sohlt]/pepper ['päpə]
scharf	hot [hot]
Ich bin Vegetarier/in.	I'm a vegetarian. [aim a ‚wädschi'teəriən]
Trinkgeld	tip [tip]
Die Rechnung, bitte.	May I have the bill, please? ['mäi ai häw θə 'bil plihs]

■ EINKAUFEN

Wo finde ich …	Where can I find … ['weə 'kən_ai 'faind]
… eine Apotheke?	… a chemist? [ə 'kämist]
… eine Bäckerei?	… a bakery? [ə bäikəri]
… ein Kaufhaus?	… a department store? [ə di'pahtmənt stoh]
… ein Lebensmittelgeschäft?-	… a food store? [ə 'fuhd stoh]
… einen Markt?	… a market? [ə 'mahkit]
Haben Sie …?	Have you got …? ['həw ju got]
Ich möchte …	I'd like … [aid 'laik]
Ein Stück hiervon, bitte.	A piece of this, please. [ə pihs əw θis plihs]
Eine Einkaufstüte, bitte.	A bag, please. [ə bäg plihs]

> *www.marcopolo.de/malaysia*

SPRACHFÜHRER

Das gefällt mir (nicht).	I (don't) like it. [ai (dəunt) laik_it]
Wie viel kostet es?	How much is it? ['hau 'matsch is it]
Nehmen Sie Kreditkarten?	Do you take credit cards? [du_ju täik 'kräditkahds]

■ ÜBERNACHTEN

Ich habe bei Ihnen ein Zimmer reserviert.	I've reserved a room. [aiw ri'söhwd_ə 'ruhm]
Haben Sie noch Zimmer frei?	Have you got any vacancies? [həw ju got_ˌäni 'wäikənsis]
ein Einzelzimmer	a single room [ə 'singl ruhm]
ein Doppelzimmer	a double room [ə 'dabl ruhm]
mit Dusche/Bad	with a shower/bath [wiθ ə 'schauə/'bahθ]
Was kostet das Zimmer?	How much is the room? ['hau 'matsch is θə ruhm]
Frühstück	breakfast ['bräkfəst]
Halbpension/Vollpension	half board ['hahf' bohd]/full board ['ful bohd]

■ PRAKTISCHE INFORMATIONEN

Können Sie mir einen Arzt empfehlen?	Can you recommend a doctor? [kən ju ˌräkə'mänd ə 'doktə]
Ich habe hier Schmerzen.	I've got pain here. [aiw got päin 'hiə]
Ich habe Durchfall.	I've got diarrhoea. [aiw got daiə'riə]
Kinderarzt	pediatrician [ˌpihdiə'trischn]
Zahnarzt	dentist ['däntist]
Eine Briefmarke, bitte.	One stamp, please. [wan stämp 'plihs]
Postkarte	postcard [pəuskahd]
Wo ist bitte …	Where's … , please? ['weəs … plihs]
… die nächste Bank?	… the nearest bank … [θə 'niərist 'bänk]
… der nächste Geldautomat?	… the nearest cashpoint … [θə 'niərist 'käschpoint]

■ ZAHLEN

1	one [wan]		11	eleven [i'läwn]
2	two [tuh]		12	twelve [twälw]
3	three [θrih]		20	twenty ['twänti]
4	four [foh]		50	fifty ['fifti]
5	five [faiw]		100	a (one) hundred [ə ('wan) 'handrəd]
6	six [siks]		200	two hundred ['tuh 'handrəd]
7	seven ['säwn]		500	five hundred ['faiw 'handrəd]
8	eight [äit]		1000	a (one) thousand [ə ('wan) 'θausənd]
9	nine [nain]		1/2	a half [ə 'hahf]
10	ten [tän]		1/4	a (one) quarter [ə ('wan) 'kwohtə]

Reclining Buddha-Temple in Georgetown

> UNTERWEGS IN MALAYSIA

Die Seiteneinteilung für den Reiseatlas finden Sie auf dem hinteren Umschlag dieses Reiseführers

REISE ATLAS

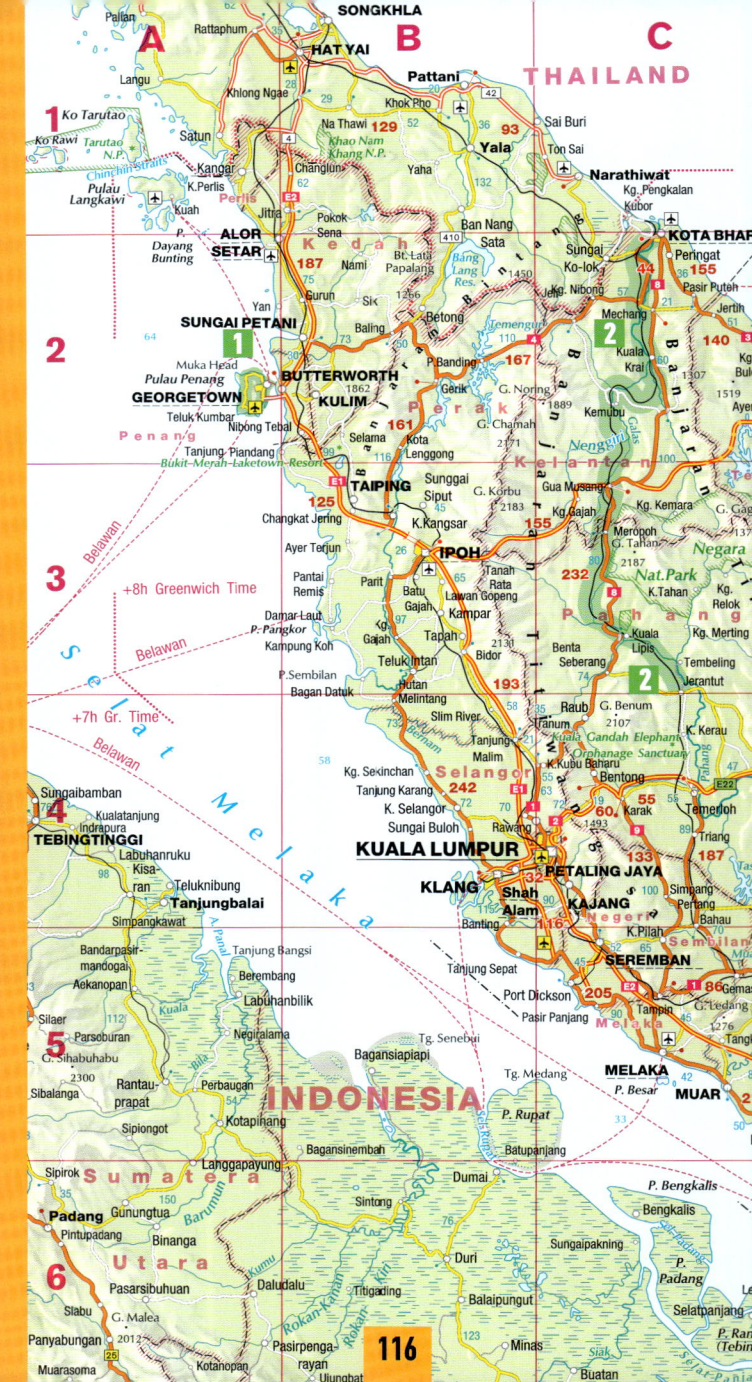

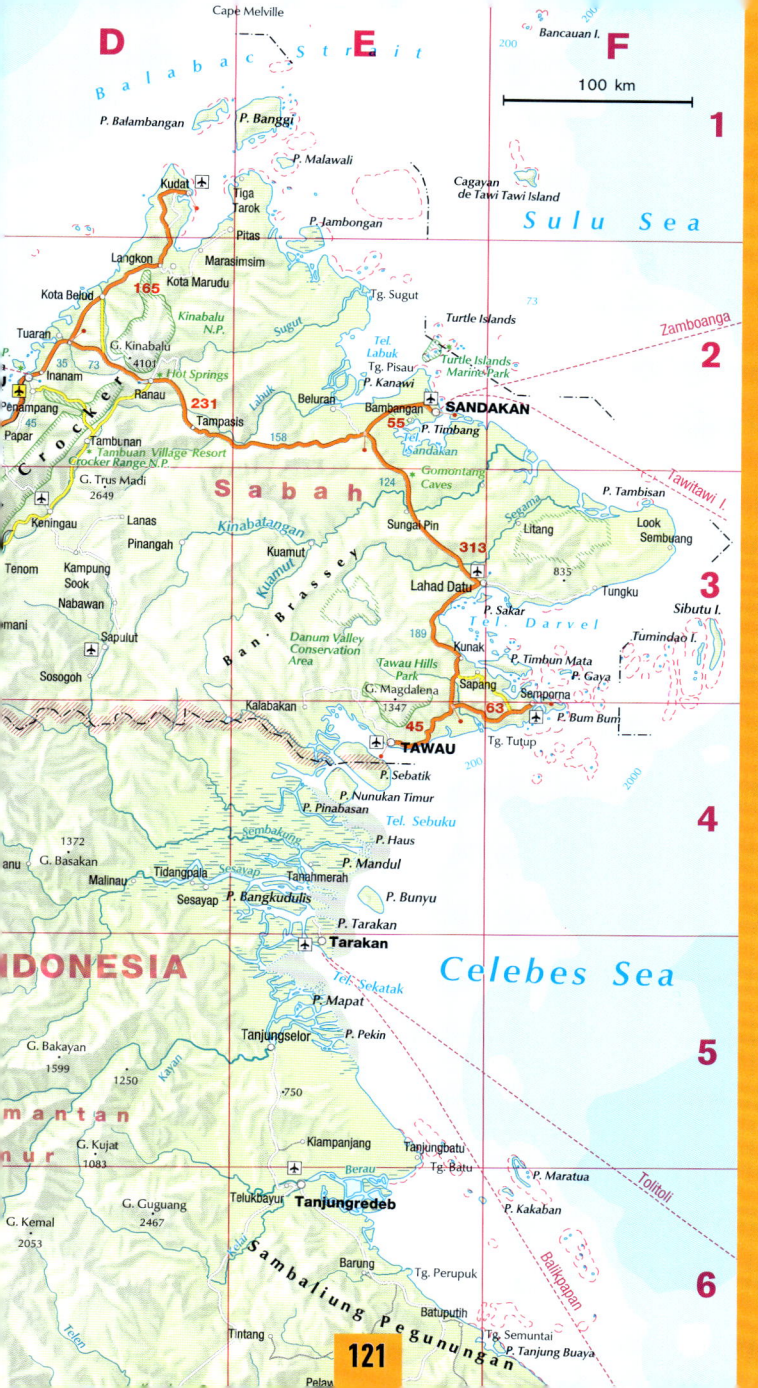

KARTENLEGENDE

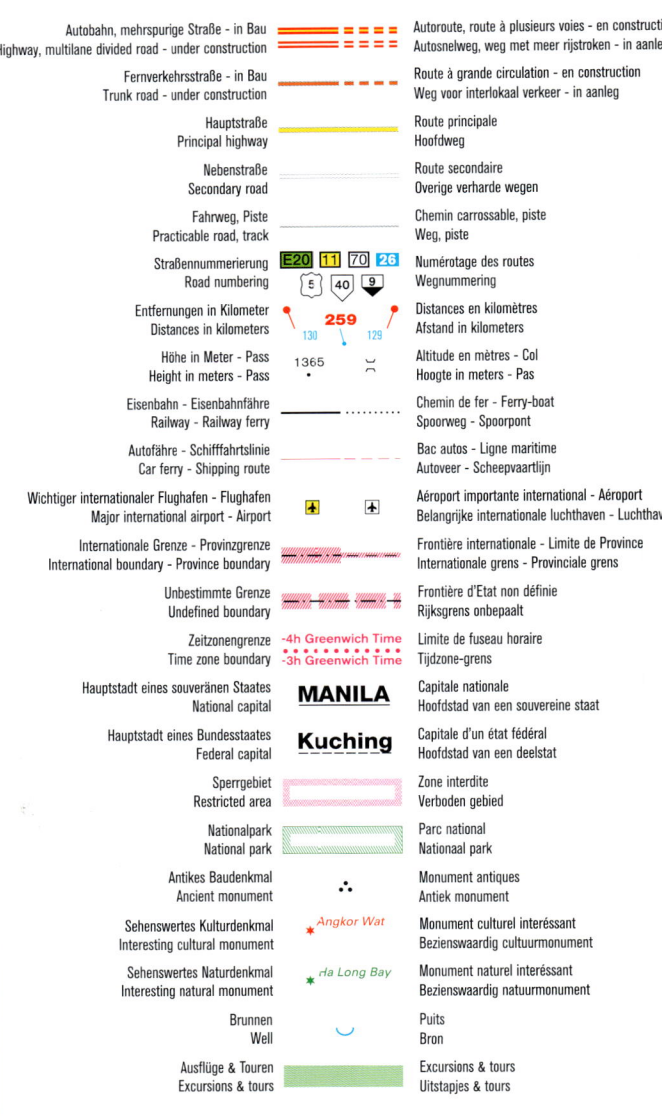

Autobahn, mehrspurige Straße - in Bau / Highway, multilane divided road - under construction		Autoroute, route à plusieurs voies - en construction / Autosnelweg, weg met meer rijstroken - in aanleg
Fernverkehrsstraße - in Bau / Trunk road - under construction		Route à grande circulation - en construction / Weg voor interlokaal verkeer - in aanleg
Hauptstraße / Principal highway		Route principale / Hoofdweg
Nebenstraße / Secondary road		Route secondaire / Overige verharde wegen
Fahrweg, Piste / Practicable road, track		Chemin carrossable, piste / Weg, piste
Straßennummerierung / Road numbering	E20 11 70 26 5 40 9	Numérotage des routes / Wegnummering
Entfernungen in Kilometer / Distances in kilometers	259 130 129	Distances en kilomètres / Afstand in kilometers
Höhe in Meter - Pass / Height in meters - Pass	1365	Altitude en mètres - Col / Hoogte in meters - Pas
Eisenbahn - Eisenbahnfähre / Railway - Railway ferry		Chemin de fer - Ferry-boat / Spoorweg - Spoorpont
Autofähre - Schifffahrtslinie / Car ferry - Shipping route		Bac autos - Ligne maritime / Autoveer - Scheepvaartlijn
Wichtiger internationaler Flughafen - Flughafen / Major international airport - Airport		Aéroport importante international - Aéroport / Belangrijke internationale luchthaven - Luchthaven
Internationale Grenze - Provinzgrenze / International boundary - Province boundary		Frontière internationale - Limite de Province / Internationale grens - Provinciale grens
Unbestimmte Grenze / Undefined boundary		Frontière d'Etat non définie / Rijksgrens onbepaalt
Zeitzonengrenze / Time zone boundary	-4h Greenwich Time -3h Greenwich Time	Limite de fuseau horaire / Tijdzone-grens
Hauptstadt eines souveränen Staates / National capital	**MANILA**	Capitale nationale / Hoofdstad van een souvereine staat
Hauptstadt eines Bundesstaates / Federal capital	**Kuching**	Capitale d'un état fédéral / Hoofdstad van een deelstaat
Sperrgebiet / Restricted area		Zone interdite / Verboden gebied
Nationalpark / National park		Parc national / Nationaal park
Antikes Baudenkmal / Ancient monument	∴	Monument antiques / Antiek monument
Sehenswertes Kulturdenkmal / Interesting cultural monument	*Angkor Wat*	Monument culturel intéréssant / Bezienswaardig cultuurmonument
Sehenswertes Naturdenkmal / Interesting natural monument	*Ha Long Bay*	Monument naturel intéréssant / Bezienswaardig natuurmonument
Brunnen / Well		Puits / Bron
Ausflüge & Touren / Excursions & tours		Excursions & tours / Uitstapjes & tours

Mount Kinabalu

REGISTER

In diesem Register sind alle in diesem Reiseführer erwähnten Orte und Ausflugsziele verzeichnet, außerdem etliche Sehenswürdigkeiten und zusätzliche Stichworte. Halbfette Seitenzahlen verweisen auf den Haupteintrag, kursive auf ein Foto.

Ayer Keroh Recreational Zone 49
Bakkungan Kecil 91
Bako National Park 69, **75**
Balik Pulau 94
Bareo Hochland 79
Batang Ai National Park 76
Batu Caves 43
Batu Ferringhi 92
Batu Maung 94
Beaufort 86
Beserah 64
Borneo 9, 11, 20, 27, 29
Brunei 11, **16**, 77, 105
Bukit Bendera 83
Bukit Lambar 80
Bukit Merah Laketown Resort 102
Bukit Teresik 67
Cameron Highlands 44
Carey 28
Cherating 64
Clearwater Cave 80
Crocker Range 86
Cultural Village (Kuching) *68/69*, 75f.
Danum Valley 90
Deer Cave 80
Desa Waterpark 102
Floating Mosque (Masjid Tengku Tengah Zaharah) 61
Forest Research Institute 102
Fraser's Hill (Bukit Fraser) 44
Garden Eden 80
Gawi Jetty 62
Gaya 87
Genting Highlands 45
Georgetown 14, **30ff.**, 92
Gomantong Cave 90
Great Cave 81
Gua Charas (auch: Gua Panching) 65
Gua Kelam 53
Gua Musang 95
Gua Telinga 67
Gulisaan 91
Gunung Api 79
Gunung Benarat 79
Gunung Gading National Park 72
Gunung Mulu 80
Gunung Mulu National Park 69, 79
Gunung Raya 50
Gunung Tahan 67

Headhuntertrail 80
Iban 20, 29, 68, 73, 75f.
Jesselton 83
Kampung Buli Sim Sim 89
Kampung Cherating Lama 65
Kampung Pangsun 45
Kek Lok Si 32
Kelantan 29, 54
Kemaman 65
Kenong Rimba Park 95
Kinabatangan River Safari 90
Kiulu 101
Klang Valley 38
Kota Belut 86
Kota Bharu *16/17*, 54ff.
Kota Kinabalu 83ff.
Krian-Fluss 37
Kuah 50
Kuala Gandah Elephant Orphanage Sanctuary 45f.
Kuala Krai 94
Kuala Lipis 95
Kuala Lumpur 8f., 12ff., 21f., 28, 30, **37ff.**, 96f., 104
Kuala Lumpur Tower 39
Kuala Selangor 102f.
Kuala Tahan 67
Kuala Tembeling 66
Kuala Terengganu 59ff., 65
Kuantan 62ff.
Kubah National Park 72
Kuching *6/7*, 69
Labuan 80, 101
Lake Gardens (Tama Tasik Perdana) 103
Lambir Hills National Park 80
Lang's Cave 79
Lasir-Wasserfall 62
Latak-Wasserfälle 80
Laut Melai 67
Lepa Regatta 91
Little Penang Street Market 35
Longhouse River Safari 76
Mamutik 87
Manukan 87
Marang 60f.
Masjid Kampung Laut 58
Matang Wildlife Centre 72
Maxwell Hill 44
Melaka 21, 26, 30, **46ff.**
Melaka-Fluss 46
Melinau-Fluss 80
Mersing 66
Miri 69, **77ff.**

Mount Kinabalu 11, 82, **87ff.**
Niah Caves National Park 80f.
Orang Asli 49, 67, 95
Orang-Utans *11*, 19, 72, 76, 78, 82, 91
Padang Besar 53
Padas-Fluss 86, 101
Painted Cave 81
Pangkalan Batu 81
Pantai Sri Tujuh 23
Pekan 65
Penang 10, 21ff., 26, 30f., 92
Penang Bridge 94
Penang Hill 33
Perhentian 101
Petaling Jaya 12ff., 28, 127
Petronas Twin Towers 34, **40**, 42
Pinnacles 80
Poring Hot Springs 89
Pulau Kapas 60f.
Pulau Keladi 65
Pulau Langkawi 10,15, **50ff.**, 101
Pulau Perhentian 58
Pulau Redang 61
Pulau Sipadan 90f.
Pulau Tioman *54/55*, 66
Pulau Ular 65
Puu Jih Shih Temple 89
Rafflesia 19, 72, 86
Rainforest World Music Festival 75
Rantau Abang 61
Sabah 9f., 20f., 23, 27f., **82ff.**
Sabak Beach 59
Sam Poh Foot Print Temple 94
Sandakan 89ff.
Sapi 87
Sarawak 9f., 20f., 23, 27ff., **68ff.**
Sarawak-Fluss 71
Sarawak Chamber 79
Sekayu-Kaskaden 62
Selingan 91
Semenggoh Orang-Utan Sanctuary 76
Sepilok Orang Utan Sanctuary 91
Singapur 54, 62
Stadhuys 47
Sukau 90
Sulug 86

> *www.marcopolo.de/malaysia*

Sunway Lagoon Theme Park 103
Taman Negara National Park 30, 66f., 95
Tambunan Rafflesia Conservation Center 86
Tanjung Aru Beach 84
Tanjung Gemok 66
Tasik Chini 67
Tasik Kenyir 62
Tekek 66
Telaga Tujuh 51
Teluk Bahang Recreational Forest 93
Tenom 86
Terengganu (Staat) 54
Terengganu 29
The Blue Mansion 32
The Lost World of Tambun 103
Tiga 101
Tioman 101
Titi Kerawang Waterfall 94
Tuanku Abdul Rahman Park 86f.
Turtle Islands 91
Villa Sentosa 48
Wats 59, 65
Wind Cave 80
Zoo Negara 103

SCHREIBEN SIE UNS!

Liebe Leserin, lieber Leser,

wir setzen alles daran, Ihnen möglichst aktuelle Informationen mit auf die Reise zu geben. Dennoch schleichen sich manchmal Fehler ein – trotz gründlicher Recherche unserer Autoren/innen. Sie haben sicherlich Verständnis, dass der Verlag dafür keine Haftung übernehmen kann.

Wir freuen uns aber, wenn Sie uns schreiben.

Senden Sie Ihre Post an die
MARCO POLO Redaktion,
MAIRDUMONT, Postfach 31 51,
73751 Ostfildern,
info@marcopolo.de

IMPRESSUM

Titelbild: Insel Langkawi, Palmen und Strandhütte (alamy images: FAN travelstock)
Fotos: alamy images: FAN travelstock (1); Cupcake Chic @ the Curve: Zey Tee (12 u.); Energy Inspired Sdn. Bhd.: Steven Wong (97 o. l.); © fotolia.com: 26kot (97 M. r.), Mirek Hejnicki (15 u.), Prinz75 (96 u. r.); R. Freyer (4 r., 22, 27, 28/29, 32, 35, 39, 43, 46); HB Verlag: Kiedrowski (Klappe l., 2 r., 3 M., 3 r., 28, 74, 76, 81, 84); Huber: Damm (30/31), Picture Finders (4 l., 6/7, 16/17, 70), Schmid (24/25); © iStockphoto.com: Claudia Hung (96 o. l.), Nancy Kennedy (14 M.), Ivan Mateev (97 M. l.), PeskyMonkey (14 u.), Tomasz Wojnarowicz (96 M. l.), Erran Yearty (13 o.); KHOON HOOI: Vincent Paul Yong (13 u.); C. Lachenmaier (45); Laguna Music Sdn. Bhd.: Senseless Art (14 o.); Laif: Henseler (8/9), Piepenburg (5, 64); LaZat Malaysian Cooking Class: Raja Mardiana (96 M. r.); A. Leinweber (127); H. Mielke (18, 19, 29, 88, 98/99, 102); Okapia: Klein&Hubert (11). Cubitt (123); Okapia/NAS: Fletcher & Baylis (79); C. Schneider (59, 67); P. Spierenburg (91); O. Stadler (23, 48, 54/55, 56, 61, 92/93, 114/115); T. Stankiewicz (2 l., 63); Eda Struck (12 o.); The Datai, Langkawi (15 o.); K. Thiele (Klappe M., 21, 22/23, 68/69, 73, 82/83, 87, 100, 102/103); M. Thomas (26, 37, 94); R. Thomas (103); White Star: Reichelt (Klappe r., 3 l., 41, 51, 53, 95); Zouk Club K.L., Malaysia (97 u. r.)

5., aktualisierte Auflage 2009

© MAIRDUMONT GmbH & Co. KG, Ostfildern
Chefredaktion: Michaela Lienemann, Marion Zorn
Autorin: Claudia Schneider; Bearbeitung: Alois Leinweber; Redaktion: Jens Bey
Programmbetreuung: Cornelia Bernhart, Silwen Randebrock; Bildredaktion: Gabriele Forst
Szene/24h: wunder media, München
Kartografie Reiseatlas: © MAIRDUMONT, Ostfildern
Innengestaltung: Zum goldenen Hirschen, Hamburg; Titel/S. 1–3: Factor Product, München
Sprachführer: in Zusammenarbeit mit Ernst Klett Sprachen GmbH, Stuttgart, Redaktion PONS Wörterbücher
Das Werk einschließlich aller seiner Teile ist urheberrechtlich geschützt. Jede urheberrechtsrelevante Verwertung ist ohne Zustimmung des Verlages unzulässig und strafbar. Das gilt insbesondere für Vervielfältigungen, Übersetzungen, Nachahmungen, Mikroverfilmungen und die Einspeicherung und Verarbeitung in elektronischen Systemen.
Printed in Germany. Gedruckt auf 100% chlorfrei gebleichtem Papier

FÜR IHRE NÄCHSTE REISE
gibt es folgende MARCO POLO Titel:

DEUTSCHLAND
Allgäu
Amrum/Föhr
Bayerischer Wald
Berlin
Bodensee
Chiemgau/Berchtes-
  gadener Land
Dresden/Sächsische
  Schweiz
Düsseldorf
Eifel
Erzgebirge/Vogtland
Franken
Frankfurt
Hamburg
Harz
Heidelberg
Köln
Lausitz/Spreewald/
  Zittauer Gebirge
Leipzig
Lüneburger Heide/
  Wendland
Mark Brandenburg
Mecklenburgische
  Seenplatte
Mosel
München
Nordseeküste
  Schleswig-
  Holstein
Oberbayern
Ostfriesische Inseln
Ostfriesland/
  Nordseeküste
  Niedersachsen/
  Helgoland
Ostseeküste
  Mecklenburg-
  Vorpommern
Ostseeküste
  Schleswig-
  Holstein
Pfalz
Potsdam
Rheingau/
  Wiesbaden
Rügen/Hiddensee/
  Stralsund
Ruhrgebiet
Schwäbische Alb
Schwarzwald
Stuttgart
Sylt
Thüringen
Usedom
Weimar

ÖSTERREICH | SCHWEIZ
Berner Oberland/
  Bern
Kärnten
Österreich
Salzburger Land
Schweiz
Tessin
Tirol
Wien
Zürich

FRANKREICH
Bretagne
Burgund
Côte d'Azur/
  Monaco
Elsass
Frankreich
Französische
  Atlantikküste
Korsika
Languedoc-
  Roussillon
Loire-Tal
Normandie
Paris
Provence

ITALIEN | MALTA
Apulien
Capri
Dolomiten
Elba/Toskanischer
  Archipel
Emilia-Romagna
Florenz
Gardasee
Golf von Neapel
Ischia
Italien
Italienische Adria
Italien Nord
Italien Süd
Kalabrien
Ligurien/
  Cinque Terre
Mailand/Lombardei
Malta/Gozo
Oberital. Seen
Piemont/Turin
Rom
Sardinien
Sizilien/
  Liparische Inseln
Südtirol
Toskana
Umbrien
Venedig
Venetien/Friaul

SPANIEN | PORTUGAL
Algarve
Andalusien
Barcelona
Baskenland/Bilbao
Costa Blanca
Costa Brava
Costa del Sol/Granada
Fuerteventura
Gran Canaria
Ibiza/Formentera
Jakobsweg/Spanien
La Gomera/El Hierro
Lanzarote
La Palma
Lissabon
Madeira
Madrid
Mallorca
Menorca
Portugal
Sevilla
Spanien
Teneriffa

NORDEUROPA
Bornholm
Dänemark
Finnland
Island
Kopenhagen
Norwegen
Schweden
Südschweden/
  Stockholm

WESTEUROPA | BENELUX
Amsterdam
Brüssel
Dublin
England
Flandern
Irland
Kanalinseln
London
Luxemburg
Niederlande
Niederländische
  Küste
Schottland
Südengland

OSTEUROPA
Baltikum
Budapest
Estland
Kaliningrader
  Gebiet
Lettland
Litauen/Kurische
  Nehrung
Masurische Seen
Moskau
Plattensee
Polen
Polnische Ostsee-
  küste/Danzig
Prag
Riesengebirge
Russland
Slowakei
St. Petersburg
Tschechien
Ungarn
Warschau

SÜDOSTEUROPA
Bulgarien
Bulgarische
  Schwarzmeerküste
Kroatische Küste/
  Dalmatien
Kroatische Küste/
  Istrien/Kvarner
Montenegro
Rumänien
Slowenien

GRIECHENLAND | TÜRKEI | ZYPERN
Athen
Chalkidiki
Griechenland
  Festland
Griechische
  Inseln/Ägäis
Istanbul
Korfu
Kos
Kreta
Peloponnes
Rhodos
Samos
Santorin
Türkei
Türkische Südküste
Türkische Westküste
Zakinthos
Zypern

NORDAMERIKA
Alaska
Chicago und
  die Großen Seen
Florida
Hawaii
Kalifornien
Kanada
Kanada Ost
Kanada West
Las Vegas
Los Angeles
New York
San Francisco
USA
USA Neuengland/
  Long Island
USA Ost
USA Südstaaten/
  New Orleans
USA Südwest
USA West
Washington D.C.

MITTEL- UND SÜDAMERIKA
Argentinien
Brasilien
Chile
Costa Rica
Dominikanische
  Republik
Jamaika
Karibik/
  Große Antillen
Karibik/
  Kleine Antillen
Kuba
Mexiko
Peru/Bolivien
Venezuela
Yucatán

AFRIKA | VORDERER ORIENT
Ägypten
Djerba/
  Südtunesien
Dubai/Vereinigte
  Arabische Emirate
Israel
Jerusalem
Jordanien
Kapstadt/
  Wine Lands/
  Garden Route
Kenia
Marokko
Namibia
Qatar/Bahrain/
  Kuwait
Rotes Meer/Sinai
Südafrika
Tunesien

ASIEN
Bali/Lombok
Bangkok
China
Hongkong/
  Macau
Indien
Japan
Ko Samui/
  Ko Phangan
Malaysia
Nepal
Peking
Philippinen
Phuket
Rajasthan
Shanghai
Singapur
Sri Lanka
Thailand
Tokio
Vietnam

INDISCHER OZEAN | PAZIFIK
Australien
Malediven
Mauritius
Neuseeland
Seychellen
Südsee

> UNSER INSIDER
MARCO POLO Korrespondent Alois Leinweber im Interview

Alois Leinweber lebt seit 1997 in Malaysia. *Roti canai*, *nasi lemak* und *beef curry* gehören mittlerweile bevorzugt auf seinen Speisezettel.

Wieso leben Sie in Malaysia?

Vor allem die Neugier hat mich getrieben, in einem Land mit einer ganz anderen Kultur zu leben. Dafür ist Malaysia eine gute Wahl. Da passt so vieles gar nicht in das Bild, das sich ein Deutscher von der Welt und vom Leben macht. Das alles spricht gar nicht gegen meine Heimatstadt Bremen, die ich noch immer sehr schätze und liebe.

Wie geht es Ihnen in Malaysia?

Ich genieße das Leben in einem tropischen Land, die kulturelle Vielfalt, die sich nicht zuletzt im kulinarischen Angebot widerspiegelt, und die Freundlichkeit der Menschen. Malaysia verlockt zum Reisen, sowohl im Land selbst als auch in die Länder der Region. In 2–3 Stunden erreicht man die Zauberinsel Bali, kommt nach Kambodscha, Laos oder nach Vietnam. Thailand liegt vor der Haustür und Sumatra nebenan.

Wie leben Sie genau?

Ich lebe mit meiner Frau in einem kleinen Haus in Petaling Jaya, kurz PJ genannt, einem Vorort von Kuala Lumpur. Nur 10 Minuten zu Fuß brauche ich bis zum Dschungel. Ein Erlebnis werde ich nicht vergessen: Während eines solchen Spaziergangs höre ich auf einmal Gesang, ein Lied von Schubert auf Deutsch. Ein Sänger, ein Chinese, hielt den Wald für den richtigen Ort seiner Lebensfreude mit diesem Lied Ausdruck zu verleihen.

Was machen Sie beruflich?

Ich schreibe als freiberuflicher Journalist vor allem über aktuelle politische Entwicklungen in Malaysia und der Region, aber auch über die jüngere Kolonialgechichte des Landes. Daneben unterrichte ich, auch freiberuflich, deutsche Literatur an einer internationalen Schule und an der Universiti Malaya.

Was tun Sie in Ihrer Freizeit?

Ich spiele gern Pétanque, Fußball und Badminton, ich lese viel und freue mich, ab und zu ans Meer fahren zu können. Am liebsten an die Ostküste. Wunderbar, dass sich in den letzten Jahren die Tango Argentino-Szene entwickelt und entfaltet hat.

Mögen Sie die malaysische Küche?

Das geht gar nicht anders. Nicht nur, weil gemeinsames Essen hier einen hohen Stellenwert hat, sondern auch wegen der großen Vielfalt, den vielen feinen Gewürzen, die vor allem das indische und malaiische Essen auszeichnen. Ein *beef curry* oder ein *mutton masala* ist einfach unwiderstehlich. Und für den kleinen Hunger zwischendurch ein *roti canai* mit *teh tarik* – das isses!

> BLOSS NICHT!

Besondere Gefahren gibt es kaum, die Einhaltung einiger Regeln sorgt allerdings für einen unbeschwerten Urlaub

Drogen nehmen

Schon der Besitz kleinster Mengen klassifiziert Sie als Händler, was (auch für Ausländer) den Gang zum Galgen zur Folge haben kann. Deshalb: Hände weg von jeder Art von Drogen, die Polizei ist wachsam!

Falsch schenken

Chinesen sollten Sie Dinge nur in einer geraden Anzahl schenken – das verheißt Glück. Bei Langhausbesuchen sollten Sie immer kleine Mitbringsel dabei haben, sie gehören zur Begrüßungszeremonie dazu. Geschenke gibt und nimmt man immer mit der rechten Hand.

Benimmregeln missachten

Schmusen oder gar Küssen in der Öffentlichkeit ist verpönt, nackt oder oben ohne baden landesweit untersagt. An der Ostküste sollten Sie dezente Kleidung tragen. Fremden auf die Schulter zu klopfen oder sie freundschaftlich am Arm zu berühren wird als rüde empfunden. Die Köpfe von Kindern tätschelt man nicht, denn der Kopf ist der Sitz der Seele. Und deuten Sie nicht mit dem Finger auf Menschen, ein in die entsprechende Richtung weisendes Kopfnicken genügt und wird universell verstanden. Wohn- und Gebetshäuser betritt man generell barfuß, die Schuhe müssen draußen bleiben. Apropos Füße: Sie gelten als der geringwertigste und damit als der schmutzigste Körperteil. Beim Sitzen auf dem Boden schlägt man sie deshalb im Schneidersitz unter das Gesäß und erspart seinem Gegenüber so, weder die blanken noch die beschuhten Fußsohlen ansehen zu müssen. Weniger verwestlichte Malaysiern (z. B. auf dem Land) würden dies als einen großen Affront empfinden und es als ein Zeichen äußerster Geringschätzung werten.

Das Gesicht verlieren

Malaysierinnen und Malaysier sind typische Asiaten. Sie sind Gefühlsausbrüche und Schreien nicht gewöhnt. Wer auf diese Weise versucht, etwas durchzusetzen, wird sicher den gegenteiligen Effekt bewirken. Die sonst sehr hilfsbereiten Menschen können dann äußerst stur werden. In einer Problemsituation ist es weit angemessener und führt sehr viel eher zu einer Lösung, sein Gegenüber um Rat oder Hilfe zu fragen, statt ihm seine Fehler vorzuhalten. Achten Sie jedenfalls darauf, dass niemand sein Gesicht verliert.

Unbedacht bei Alkohol sein

Malaien sind per Verfassung Muslime. Schenken Sie deshalb bei Einladungen oder ähnlichen Anlässen keinen Alkohol. Bei Menschen anderer ethnischer Herkunft bzw. anderer Religion gibt es mit alkoholischen Getränken keine Probleme. Inder allerdings essen, sofern sie Hindus sind, kein Rindfleisch, Muslime kein Schweinefleisch.